動画でよくわかる

基本の手話

新装改訂版

すぐに使える会話と表現

野口岳史 監修

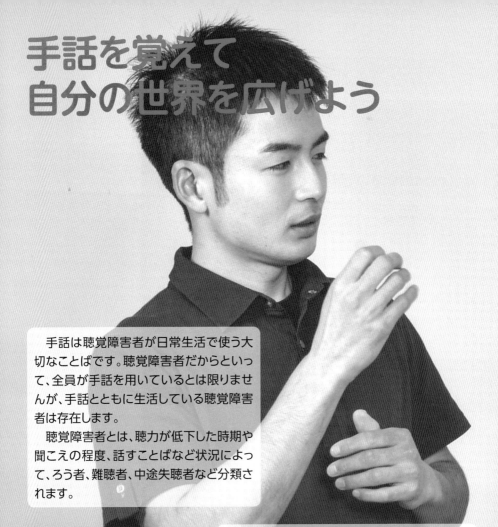

手話を覚えて
自分の世界を広げよう

　手話は聴覚障害者が日常生活で使う大切なことばです。聴覚障害者だからといって、全員が手話を用いているとは限りませんが、手話とともに生活している聴覚障害者は存在します。

　聴覚障害者とは、聴力が低下した時期や聞こえの程度、話すことばなど状況によって、ろう者、難聴者、中途失聴者など分類されます。

　すでに言語として認識度が高いアメリカなど海外では、第二外国語の授業に手話が取り入れられ、履修率も高くなっています。日本の大学でも授業科目として取り入れている学校が少しずつ増え、より多く学ぶ機会が得られる傾向にあります。また、2013年から手話言語法を条例にする動きが活発になり、言語としての手話の認識度や需要が高まりつつあります。手話を使う人が増えれば、約32万人といわれている聴覚障害を持つ人との交流の機会がますます増えることになるでしょう。

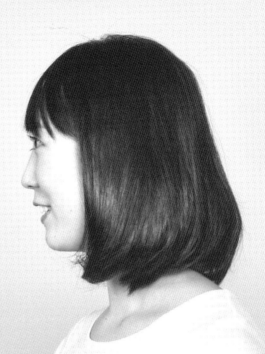

　本書では、手話をはじめて学んでみようと考えている人を対象に、日常でよく使う実践的なフレーズを中心にまとめています。聴覚障害を持つ人はもちろん、聴者の人も、はじめて手話を覚えたいと考えている人に役立つよう、順序立てた内容になっています。挨拶や自己紹介からはじまり、出かける際に使う会話や、意見や思いなど気持ちを表す言い回しなども紹介しています。さらに、各パートで学んだことを復習するおさらいのページや練習問題なども掲載し、着実に覚えられるような構成になっています。

　この本により、手話という言語が身について会話の場が広がり、読者一人ひとりの世界が豊かになることを願います。

　手話にはろう者が多く用いる、日本語とは異なる言語の「日本手話」と日本語の語順通りに話す「日本語対応手話」があります。本書では、実際に使用されている実用的な「日本手話」を紹介しています。

この本の使い方

この本は、初めて手話を学んでみようとする人を対象に、手話の基本的な言葉から日常でよく使う実用的な会話までを紹介しています。手や指の動かし方、表情、体の動きなど手話を使うときに大切な事項を写真や説明文で解説しています。

PART1から順番に読み進めていくことで段階的に学ぶことができますが、自分の興味あるフレーズが掲載しているページから読んでいくことも可能です。動画を見ることもできるので、動作の流れや詳細を確認しながら学習できます。何度も繰り返し見て覚え、楽しい会話ができる手話を習得しましょう。

動画について
二次元コードのあるページは、本書の内容を動画で紹介しています。手や指の位置や動作の流れなどを確認できます。詳しくはP10。

Lesson 1-1

手話はろう者の言葉です。まず、ろう者か聴者かを確認し

あなたはろう者ですか？

動画スタート

あなた　ろう者？

人差し指を相手に向ける。しっかり相手の目を見るのがポイント。

手のひらを顔の方に向け、耳をおさえる。

耳にあてていた〔…〕ながら眉をあげ、

POINT!　首の動きで自分の意思をしっか

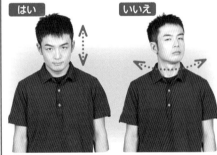

はい　いいえ

相手の目を見て首をたてに振り、うなずく。

首を左右に動かす。

手話で会〔…〕には、手〔…〕なく眉や〔…〕などの動〔…〕せん。「〔…〕え」の場〔…〕きを意識〔…〕しっかり〔…〕ましょう。

12

POINT
手話を行うときに大切な事柄についての説明やワンポイント解説。「STEP!」では関連する手話単語を紹介しています。

メインフレーズ
会話文冒頭のメインフレーズは、その
Lesson内で紹介する分野や種類の
内容を表しています。

会話例文
メインフレーズに続く会話例文も見て
いけば、様々な状況に応じた手話が
習得できるようになります。

PART 1 手話を使ってみよう

1-2 はい、私はろう者です

はい　**私**　＋　**ろう者**　→

親指と人差指を広げてか
ら2回閉じる。

人差指で自分の鼻のあた
りを指す。

手のひらを顔の方に向け、
耳をおさえる。

耳にあてていた手を、口元
に移動させる。

1-3 いいえ、私は聴者です

いいえ　→　親指と人差指を立てた右
手で手首を2回ひねる。

私 人差指で自分のことを指
す。

聴者 ＋ 両手の人差指でそれぞれ
耳元と口元を差し、そこか
ら前後へ2回振る。

1-4 いいえ、私は難聴者です

いいえ　**私**　＋　**難聴者**

親指を少し曲げ他の指は
伸ばし、手のひらと顔が垂
直になるよう親指を鼻筋に
あて、そのまま親指がのど
元にくるまで手を下げる。

親指と人差指を立てた右
手で手首を2回ひねる。

人差指で自分のことを指
す。

1-5 いいえ、私は中途失聴者です

いいえ　**私**　**中途**　**失聴者**

親指と人差指を立てた右
手で手首を2回ひねる。

人差指で自分のことを指
す。

左手は指先を前に出し、右
手は指を揃えて上から下
へ動かす。

両手で耳をおさえるしぐさ
をする。

13

※本書と付属動画が連動していない内容も一部あります。

CONTENTS

※本書は2020年発行の『DVDでよくわかる 基本の手話 すぐに使える会話と表現 新版』 から、動画をオンライン視聴の形に変更し、書名・装丁を変更して発行しています。

PART1 手話を使ってみよう

PART2 挨拶をしてみよう

PART3 自分のことを相手に伝えてみよう

PART4 相手のことをもっと知ってみよう

PART5 一緒に出かけてみよう

動画の視聴方法

　掲載している二次元コードから、本書で紹介している内容の動画を視聴することができます。

スマホ・タブレットで動画をチェック！二次元コードを読み取る

本書掲載の動画を視聴するためには、お手持ちのスマートフォンやタブレット端末のバーコードリーダー機能を起動。または二次元コード読み取りアプリで本書に表示されている二次元コードを読み取って、YouTubeにアップされている動画を見ることができます。

電子書籍の場合

一部の電子書籍では、二次元コードの横にある「動画スタート」で動画サイトへジャンプすることができます。対応していない電子書籍もありますので、その場合は別の端末で二次元コードを読み取るか、P159を参照にURLへアクセスしてご利用ください。

　二次元コードのある項目については、該当の動画を視聴することができます。各パートの最初及び、各Lessonに二次元コードが掲載されているので、パート全体を見るのか、気になるLessonを選択してじっくりと見るのか、各自の学習段階や方法に応じた使い方ができます。本書と合わせて、映像で実際の動きを確認してみましょう。

　映像では、手話が手の動きだけでなく、顔の表情や首などの動きも関わり、表現していくことを実際に知ることができます。また、手話の動きがわかるだけでなく、言葉と言葉の間合いなど会話のリズムも理解することができます。

※全ての動画をAll Playで見る場合はP159を参照ください。

PART
1

手話を
使ってみよう

動画スタート

手話はろう者の言葉です。まず、ろう者か聴者かを確認してみましょう。

あなたはろう者ですか？

動画スタート

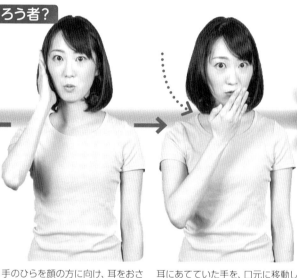

あなた **ろう者？**

人差指を相手に向ける。しっかり相手の目を見るのがポイント。

手のひらを顔の方に向け、耳をおさえる。

耳にあてていた手を、口元に移動しながら眉をあげ、頭を少し下げる。

POINT！ 首の動きで自分の意思をしっかり伝える

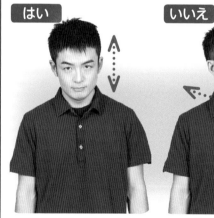

はい **いいえ**

手話で会話をするときには、手の動きだけでなく眉や目、口、首、頭などの動きも欠かせません。「はい」「いいえ」の場合は、首の動きを意識して、相手にしっかりと伝えていきましょう。

相手の目を見て首をたてに振り、うなずく。

首を左右に動かす。

1-2 はい、私はろう者です

はい 　**私** 　**ろう者**  →

親指と人差指を広げてか
ら2回閉じる。

人差指で自分の鼻のあた
りを指す。

手のひらを顔の方に向け、
耳をおさえる。

耳にあてていた手を、口元
に移動させる。

1-3 いいえ、私は聴者です

いいえ  →　**私** ＋　**聴者**

親指と人差指を立てた右
手で手首を2回ひねる。

人差指で自分のことを指
す。

両手の人差指でそれぞれ
耳元と口元を差し、そこか
ら前後へ2回振る。

1-4 いいえ、私は難聴者です

いいえ 　**私**  ＋　**難聴者**

親指と人差指を立てた右
手で手首を2回ひねる。

人差指で自分のことを指
す。

親指を少し曲げ他の指は
伸ばし、手のひらと顔が垂
直になるよう親指を鼻筋に
あて、そのまま親指がのど
元にくるまで手を下げる。

1-5 いいえ、私は中途失聴者です

いいえ 　**私**  ＋　**中途**  →　**失聴者**

親指と人差指を立てた右
手で手首を2回ひねる。

人差指で自分のことを指
す。

左手は指先を前に出し、右
手は指を揃えて上から下
へ動かす。

両手で耳をおさえるしぐさ
をする。

Lesson 2-1　私は手話の勉強をしています

動画スタート

私

人差指で自分のことを指す。

手話

人差指を向かい合わせ、半周遅れで回転させる。

勉強

広げた両手のひらを上に向け、ナナメ下に2回動かす。

中（しています）

左手の親指と人差指を横に伸ばす。右手の人差指をその真ん中に立てて、漢字の「中」を作る。

2-2　へー そうなんですか

へ〜

手のひらを内側に向け指を揃えて、額の前に出す。

そのまま、胸の下まで手をさげる。

2-3 少し手話で話してもいいですか？

少し

手話

話す

人差指と親指を立て、横に向ける。

横に出した人差指を向かい合わせ、半周遅れで回転させる。

両手ともに5指を使って小さな円を作り、向かい合わせる。

右手の5指を左手に向かって伸ばす。右手を元に戻すとともに、左手の5指を右手に向かって伸ばす。

2-4 構いませんよ

2-5 OK!

いい?

いいです

OK

手のひらを内側に向けて握り、立てた小指をアゴに2回つけて、眉をあげ頭を少し下げる。

手のひらを内側に向けて握り、立てた小指をアゴに2回つける。

親指と人差指で丸をつくる。ほかの3指は立て1回動かす。

ＰＯＩＮＴ！ 注意点 アゴがあがる

少し

手話

話す

いい?

左写真は「少し手話で話せますか?」という内容を示しますが、アゴがあがったり見下ろすような動きは、命令形という意味が加わり横柄なイメージを与えてしまうので気をつけましょう。

自己紹介はコミュニケーションの基本。自分の名前を伝えましょう。

はじめまして 私の名前は佐藤です

 動画スタート

はじめて

左手のひらを下に向け、重ねる。右手をあげながら、人差指以外の4指をすぼめる。

会う

両手の人差指を向かい合わせて立て、近づけるとともに、頭を少し前に出す。

私

人差指で自分の鼻のあたりを指す。

名前

左手を広げて相手に向ける。右手は親指だけを立てて握り、その親指を左手の真ん中につける。

佐藤

手のひらを揃えて自分に向け、小さく2回振る。

言う

立てた人差指を自分のアゴから前に出す。

3-2 あなたの名前は?

あなた

人差指を相手に向ける。

名前

左手を広げて相手に向け、立てた右手の親指を左手の真ん中につける。

何?

手のひらを相手に向け、右手の人差指を立てて、頭とともに小さく振る。

3-3 加藤と申します

加藤

両手ともに手のひらを相手に向け、人差指を立て、それ以外の4指は握る。

右に指先を向け、ナナメ前に出す。

言う

人差指を立て、口元に当ててから前に出す。

よろしくお願いします

よろしく

右手を握り、鼻先につける。

お願い

指先を揃えて手を開き、頭とともに下に動かす。

STEP! 関西弁の手話

名前

　手話にも「方言」があります。特に、関西と関東では、単語の動きが違うことがまれに見られます。ここでは、「名前」という単語の違いを紹介しましょう。関東では、広げた左手に右手の親指を当てる形が通常ですが、関西では親指と人差指で丸を作り、他の指は立て、左胸につけます。どちらも同じ、「名前」を意味します。

　また、手話は各国によって違います。世界共通ではありません。一概に英語といってもアメリカとイギリスが違うように、各国ごとに手話があります。

名前に使われる漢字です。自分の名前を手話にしてみましょう。

名前を表す単漢字

動画スタート

斎藤

手のひらを内側に向け、人差指と中指を立てて口元にあてる。2本の指で2回程度アゴをなでるようにする。

佐々木

手を握り、耳の横からナナメ後ろに2回動かす。

高

手のひらを左側に向け、4指を根本から曲げる。

指の形は変えずに、手を上にあげる。

橋

両手ともに人差指と中指を相手に向けて、半円を描くようにして引き寄せる。

田

右手は3指を上に向かって立てる。左手は3指を横に向けて立てる。両手を重ねあわせて漢字の「田」を作る。

中

左手の親指、人差指を横に伸ばす。右手の人差指をその真ん中に立てて、漢字の「中」を作る。

藤

左手は手のひらを下に向ける。右手は左手の下で相手に手のひらを向けて広げる。右手の手首を回しながらさげて、5指をすぼめる。

山

手のひらを下に向けて、指を揃えて、山型に半円を描く。

本

指を揃えて両手を合わせる。

手のひらが上を向くように開く。

村

左手は手のひらを下に向けて指を広げて開き、軽く曲げる。右手の人差指を左手の真ん中につける。

手、指の形はそのままで、両手を手前に引き寄せる。

吉

右手を握り、親指を鼻につけ少し前に出す。

口

右手の人差指で自分の口の周りに円を描く。

松

人差指と中指を、頬に当てる。

井

右手は人差指と中指を立てる。左手は人差指と中指を横に出す。両手を重ね合わせ、漢字の「井」を作る。

清

左手は手のひらを上に向けて開き、右手は手のひらを下に向けて開く。左手を右手でなぞる。

水

手のひらを上にして開き、横に動かす。水が流れる動作をイメージする。

池

水平に円を描く左手は右手にそえるようにして、右手は指を揃えて手のひらを上に向ける。

崎・先

指を揃え、両手を向かい合わせる。両手は開く。

両手ともに前に出し、胸の前で触れ合わせる。

石

左手は手のひらを右に向けて開き、右手は5指を曲げて左手にあてる。

川

3指を相手に向け、上から下におろす。

島

左手はやや丸め、右手は手のひらを上に向けて指を揃え、相手側から自分に向かって回るように動かす。

前

手のひらを相手に向け、指を揃え、前へ押し出す。

大

手のひらを自分に向けて、親指を立てて、人差指を横に出す。その他の指は握る。

指の形は変えずに、左から右へ手を動かす。

小

左手は人差指を立て、右手は人差指と中指を相手に向け、左手の人差指を挟み、下におろす。

上

人差し指は天井に向け、親指を横に出す。その手をあげる。

下

手のひらを内側に向け、人差指を下に向ける。その手をさげる。

林

両手を向かい合わせて開き、右手は上から下へ、左手は下から上へ同時に動かす。

木

手のひらを下に向けて、親指と人差指を出し、人差指を相手に向ける。

両手を広げながらあげる。手をあげたら、手のひらが向き合う形になる。

森

手のひらを内側に向けて指を開く。右手は上から下、左手は下から上へ同時に動かす。

21

Word 2 指文字

動画スタート

あ

4指を握り、親指を横に向ける。

い

手のひらを相手に向け小指を立て、ほかの指は握る。

う

手のひらを相手に向け、人差指と中指を立てて揃える。

え

手のひらを相手に向け、5指を第二関節で曲げる。

お

5指を使って丸を作る。「O」の形。

か

人差指を立て、中指を横に出す。親指を中指につけ、「K」の形を作る。

き

親指と中指、薬指をつけ、人差指と小指を立てる。影絵のきつねの形を作る。

く

手のひらを自分に向けて親指を立て、4指を揃えて横に向ける。

け

手のひらを相手に向けて4指を揃えて立て、親指を曲げる。

こ

手のひらを左側に向け、4指を折る。

さ

相手に手のひらを向けて、手を握る。

し

手のひらを自分に向けて、親指を立て、人差指と中指を横に出す。

す

手のひらを自分に向けて親指を横に出し、人差指と中指を下に向ける。

せ

手のひらを相手に向けて、中指を立てる。

そ

手のひらを下に向け、人差指で相手を指す。「それ」と同じ形。

た

親指の爪を自分に向けて立てる。4指は握る。

ち

手のひらを相手に向け、親指と3指で丸を作る。小指は立てる。

つ

手のひらを相手に向け、親指と人差指、中指で丸を作る。薬指と小指を立てる。

て

手のひらを相手に向けて、指を広げる。「手」と同じ形。

と

手のひらを自分に向けて、人差指と中指を揃えて立てる。

な

手のひらを自分に向けて、人差指と中指を下に向ける。

に

手のひらを自分に向けて、人差指と中指を横に出す。

ぬ

手のひらを左側に向けて、人差指をカギ型に曲げる。

ね

手のひらを自分に向けて、指を開いて下に向ける。

の

人差指を出して、カタカナの「ノ」を空中で書く。

は

手のひらを相手に向けて、人差指と中指を横に出す。

ひ

手のひらを相手に向けて、人差指を立てる。

ふ

手のひらを自分に向けて、親指を横に出し、人差指を下に向けて伸ばす。

へ

手のひらを自分に向けて、親指と小指を下に向けて伸ばす。

ほ

手のひらを自分に向けて、手を軽く曲げる。

ま

手のひらを自分に向けて、3指を下に向けて伸ばす。

み

手のひらを自分に向けて、3指を開いて横に出す。

む

手のひらを自分に向けて、親指を立て、人差指を横に出す。「6」と同じ形。

め

手のひらを相手に向けて、親指と人差指で丸を作る。ほかの3指は立てる。

も

手のひらを自分に向けて、親指と人差指をつける。

や

手のひらを相手に向けて、親指と小指を立て、人差指と中指は曲げる。

ゆ

手のひらを自分に向けて、3指を開いて立てる。

よ

手のひらを自分に向けて、4指を横に出す。

ら

手のひらを相手に向けて、人差指と中指を重ねて立てる。

り

人差指と中指を相手に向け、ナナメ下に動かす。「リ」の字を空で書く。

る

手のひらを相手に向けて、人差指と中指、親指を立てる。

れ

手のひらを相手に向けて、人差指を立て、親指を横に出す。

ろ

手のひらを左に向けて、人差指と中指を立ててカギ型にする。

わ

手のひらを相手に向けて、3指を立てる。

を

「お」と同様に丸をつくり、その手を手前に引く。

ん

人差指を出し、空中で「ン」を書く。

が・濁音

「か」の形のまま、その手を左から右に動かす。濁音は該当の指文字を左から右へ移動。

ぱ・半濁音

「は」の形のままその手を上に動かす。半濁音は該当の指文字を下から上に移動。

っ・促音

「っ」の形のままその手を手前に引く。促音は該当の指文字を手前に移動。

ー・長音

人差指を上から下に動かす。

注意

指文字は手話ではありません。音のサインのようなものです。指文字を使うのは固有名詞だけにしましょう。

組み合わせの例

山本綾

山

手のひらを下に向けて、指を揃えて広げ、山型に半円を描く。

本

指を揃えて両手を合わせ、手のひらが上を向くように開く。

あ

4指を握り、親指を横に向ける。

や

親指と小指を立て、人差指と中指は曲げる。

森崎亮 森 ＋ 崎 →

手のひらを自分に向けて両手を開く。右手は
上から下、左手は下から上へ同時に動かす。

指を揃え、内側に向けた両手をワキの下から動かし、
胸の前で触れ合わせる。

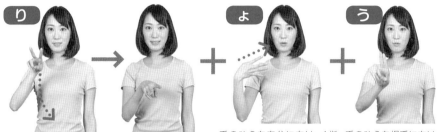

り → ＋ よ ＋ う

人差指と中指を相手に向け、ナナメ下に動かす。

手のひらを自分に向け、4指
を横に向ける。相手側から自
分の方へ、手を引き寄せる。

手のひらを相手に向け、人
差指と中指を立てて揃え
る。

大久保 大 ＋ く ＋ ぼ

親指を立てて、人差指を
横に出す。その手を左から
右へ手を動かす。

親指を立て、4指を揃えて
横に向ける。

手のひらを内側に向けて、
5指を揃えて上に向ける。
左から右に動かす。

伊藤 い ＋ 藤 →

手のひらを相手に向けて小
指を立て、ほかの指は握る。

左手は手のひらを下に向ける。右手は左手の下で相手に手のひ
らを向けて広げる。右手の手首を回しながらさげて、5指をすぼ
める。

POINT!

口も同時に
動かす

指文字を使うときは、
口も一緒に動かしましょ
う。例えば、「あ」の指
文字を使ったら口も
「あ」と、動かします。

27

Lesson 4-1
あなたの出身はどこですか?

動画スタート

あなた

人差指を相手に向ける。

生まれ

胸の前で、両手を上に向ける。

そのままの形で、両手を同時に前に出す。

場所

手のひらを下に向け、手を軽く広げ、曲げた5本の指で下を指す。

何?

手のひらを相手に向け、人差指を立てて、頭とともに小さく振る。

※「どこ?」を表すのは、左写真のように「場所」+「何?」でも、「何」+「場所?」という順序でもよい。

28

4-2　私の出身は埼玉です

私	生まれ	埼玉

人差指で自分のことを指す。

手のひらを上に向け、軽く曲げる。両手を前に出しながら手を開く。

両手を上下で向き合わせ、手を軽く曲げる。円を描くように回す。

4-3　あなたはどこですか?

あなた	生まれ		どこ?

人差指を相手に向ける。

手のひらを上に向け、軽く曲げる。両手を前に出しながら手を開く。

手のひらを下に向け、手を軽く広げ、曲げた5本の指で下を指す。

手のひらを相手に向けて、人差指を立てる。人差指と頭を軽く振る。

4-4　福岡出身ですが

福岡	でも
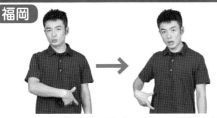	

手のひらを自分に向け、親指を立てて、人差指を横に出す。

立てた指を下に向け、左腹から右腹に向かって動かす。

指を揃えた手のひらを相手に向け、後ろに返す。

東京育ちです

東京	育ち	私

両手のひらを相手に向け、親指と人差指を出す。そのまま上に向けて2回程度動かす。

手のひら下に向け、手を上にあげる。

人差指で自分を指す。

Word 3 都道府県に関する単語

動画スタート

北海道

人差指と中指を揃えて立て、顔の前でハの字にしてから、指の形は変えず、下におろしながら両手を近づける（北海道の地形を表す）。

青森

＋

手のひらを自分に向け、4指を横に出して口の横に当てる。手を右耳まで動かす。

手のひらを自分に向けて両手を開く。右手は上から下、左手は下から上へ同時に動かす。

岩手

＋

球体を掴むように両手を向かい合わせ、指を軽く曲げ、交互にねじる。

手のひらを相手側に向けて開く。

秋田

左手の手のひらを上に向ける。右手は左手の下で親指を立てる。

宮城

＋

手のひらを下に向け、ハの字を作る。両手の指を交差させて組む。

両手のひらを向き合わせ、人差指をカギ型に曲げる。

山形

左手で円を作る。右手は人差指で左手の円に2回程触れる。

福島

4指で左頬、親指で右頬に触れ、手を少し前に出しながら指をすぼめる。

左手を丸め、指を下に向ける。右手は手のひらを上に向けて開き、左手を回すように動かす。

群馬

両手ともに人差指を立て、上下に2回程振る。

栃木

左手の手のひらに沿って、右手の人差指を葉を描くように動かす。

茨城

腕を交差させて、2回程上腕をなでるように動かす。

千葉

左手の人差指と親指をナナメ右上に立てる。右手人差指で左手の親指を2回程たたく。漢字の「千」を作る。

神奈川

両手のひらを合わせる。拝む形。

3指を相手に向け、上から下におろす。

新潟

両手のひらを上に向け、水を受けるように軽く曲げ、両手を2回程交互に前後させる。

富山

手のひらを自分に向けて人差指と中指を揃えて立てる。山を描くように左から右へ半円型に動かす。

石川

左手は手のひらを右に向け、右手は5指でコの字を作って左手に当てる。

3指を相手に向け、上から下におろす。

福井

4指を左頬、親指を右頬につけ、手を
少し前に出しながら指をすぼめる。

右手は人差指と中指を立てる。左手
は人差指と中指を横に出す。両手を
重ね合わせ、漢字の「井」を作る。

岐阜

口の前で人差指と親指を相手に向
け、2回程指をつける。

山梨

手のひらを下に向けて、指を揃え
て、山型に半円を描く。

左手の手のひらを下に向ける。右手
は左手の下で5指を立てる。右手を
回転させながら指をすぼめる。

静岡

両手の人差指と中指を揃えて富士
山を表すように動かす。

長野

親指と人差指で半円を作った両手を
左右に引き、長いことを示す。

人差指を相手に向け、上からナナメ下
へ動かし、空中で「ノ」の字を描く。

愛知

右手の手のひらを下に向け、左手の
親指の上で2回程円を描く。

三重

両手の人差指、中指、薬指を相手に
向けて伸ばす。

手を下に動かし、5指を伸ばして両
手のひらを上に向ける。

滋賀

左手は肩の位置まであげる。右手は
上から下に2回程動かす。琵琶を弾い
ているイメージ。

京都

両手の親指を向き合わせ、人差指を下に向ける。そのまま、手を下に2回程動かす。

大阪

人差指と中指を揃えて立て、額の横で右ナナメ上に2回程動かす。

兵庫

手のひらを自分に向けて両手を握り、右手は右胸、左手は右胸下にあてる。

奈良

親指と人差指で円を作り、右手は手のひらを相手に、左手は手のひらを上に向ける。大仏のポーズをイメージ。

和歌山

右手の指を揃えて口の横にあてる。

手のひらを下に向けて、指を揃えて、山型に半円を描く。

鳥取

自分の口の前で親指と人差し指を相手に向ける。親指と人差指をつける。

＋

相手に5指を向け手を伸ばす。手前に手を引きながら、手を握る。

岡山

5指を使って円を作り、顔の前で腕をクロスする。両手の指を2回開く。

島根

左手はやや丸め、指を下に向ける。右手は手のひらを上に向けて開き、相手側から自分に向かって、左手を回るように動かす。

＋

手のひらを自分に向け、5指を下に向ける。

広島

人差指と中指で左右に開いたら下におろす。

山口

手のひらを下に向けて、指を揃えて、山型に半円を描く。

右手の人差指を立て、自分の口の周りで円を描く。

徳島

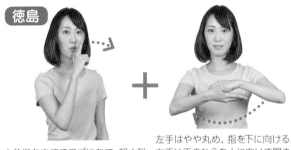

人差指を立ててアゴにあて、軽く倒す。

左手はやや丸め、指を下に向ける。右手は手のひらを上に向けて開き、相手側から自分に向かって、左手を回るように動かす。

愛媛

左手の手のひらを下に向けて、右手の小指で2回程円を描く。

香川

人差指と中指を立てる。その手を鼻に向けてあげる。

人差指、中指、薬指を立て、相手に向け、上から下におろす。

熊本

両手ともに手のひらを自分に向け、親指を横に出し、人差指を下に向けて腹に2回あてる。

高知

手のひらを左側に向け、4指を折る。

そのままの形で、手を額まであげる。

手のひら横に向け、胸につけなでおろす。

佐賀

手のひらを下に向け、人差指を横に出し、こめかみに当てる。

人差指はこめかみにつけたまま、握っていたほかの4指を開く。

大分

左手の手のひらを自分に向けて、5指を下に向ける。右手は親指と人差指で円を作り、左手の甲に2回つける。

長崎

手を向かい合わせ、親指と人差指で半円を作る。

手を左右に広げる。

指を揃え、内側に向けた両手をワキの下から動かし、胸の前で触れ合わせる。

宮崎

手のひらを下に向け、ハの字を作る。両手の指を交差させて組む。

指を揃え、内側に向けた両手をワキの下で構える。

胸の前で触れ合わせる。

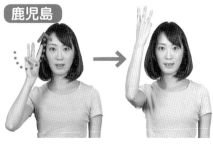

鹿児島

手のひらを相手に向け、顔の横で3指を立てる。

手をひねりながらあげ、手のひらを自分に向ける。

沖縄

両手の人差指と中指を立てる。

右手は手のひらを相手に向けながらあげ、左手は手のひらを相手に向けながらさげる。

35

全国の主要都市も覚えておけば、会話に役立ちます。

都市に関する単語

動画スタート

札幌

指を伸ばし、右手は左手をさするように上に2回動かす。

仙台

内側に向けて握った手を額の前に出す。

親指と人差し指で三日月の形を描く。

親指と人差し指をつける。

川崎

3指を相手に向け、上から下におろす。

そのまま、下に動かし、「川」の字を書く。

指を揃え、両手を向かい合わせる。

両手を前に出し、胸の前で触れ合わせる。

横浜

相手に手のひらを向け、人差し指と中指を立てて頬の横につける。

手の形は変えずに、頬から前に2回出す。

浜松

両手のひらを下に向け、手を広げ、左手の上に右手を重ねるように、右手だけを右から左に動かし、左か右に戻す。

手のひらを下に向け、人差し指と中指を出して頬に当てる。

相模原

両手を手前に引き寄せな
がら、手を握る。

手のひらを下に向け、指を開
き、大きく右回りで円を描く。

名古屋

人差指を立てた両手を左
右に広げるとともに、人差
指をカギ型に曲げる。

堺

両手を握り、縦に向かい合
わせる。

手の形はそのままで、両手
を2回つける。

神戸

親指と人差指で丸を作り額
にあてて、他の指は立てる。

指の形はそのまま、手を右
に動かす。

神戸

横から見た動き

親指と人差指の先が額につく。

北九州

手のひらを自分に
向け、手をクロスす
る。3指を立てる。

手のひらを内側に向け、
指を揃えて下に向け、親
指は自然と横に出す。そ
の手を2回さげる。

Lesson 5-1 あなたの歳はいくつですか？

動画スタート

あなた
人差指を相手に向ける。

歳
手のひらを下に向けて開き、アゴに親指をつける。

アゴの下で親指から1本ずつ折っていく。

いくつ
手のひらを自分に向けて開き、親指を曲げる。4指はナナメ上に向ける。

4指を2回折りながら、眉をあげ頭を少し下げる。

POINT!

疑問文

質問する時は文末の手話単語を表現すると同時に眉を少しあげ、頭を少し下げて（または、頭を少しかしげる）聞くのが基本です。

5-2 私の歳は23歳です

私	歳	20	3

人差指で自分を指す。	手のひらを下に向けて開く。アゴの下で親指から1本ずつ折っていく。	手のひらを相手に向け、人差指と中指を立てる。立てた指を曲げる。	手のひらを相手に向け、3指を立てる。

5-3 何年生まれですか？

いくつ	年	生まれ

手のひらを自分に向けて開き、親指を曲げる。4指はナナメ上に向ける。 / 4指を2回折る。	右手は人差指を出し、左手は拳をつくる。 / 右手人差指を移動させ、左手の拳につける。	両手の指を軽く曲げながら、胸の下あたりにおく。両手を前に出しながら眉をあげ、頭を少しさげる。

5-4 平成2年生まれです

平成	2	年

手のひらを下に向け、指を伸ばす。 / 胸の高さで、左から右に動かす。	手のひらを相手に向け、人差指と中指を立てる。	左手を握り、右手は人差指を出す。右手人差し指を左手につける。

生まれ

胸の前で、両手を上に向ける。両手を同時に前に出す。

STEP!

「昭和」

手のひらを内側に向け、親指と人差指を立てる。その親指と人差指を曲げ、右耳下からアゴに2回つける。

年齢を伝えたり、数を伝えるために使います。

数字に関する単語

動画スタート

1

手のひらを相手に向け、人差指を立てる。

2

手のひらを相手に向け、人差指と中指を立てる。

3

手のひらを相手に向け、3指を立てる。

4

手のひらを相手に向け、4指を立てる。

5

手のひらを相手に向け、親指を横に伸ばし、ほかの指は握る。

6

手のひらを自分に向けて、親指を立てて、人差指を伸ばす。

7

手のひらを自分に向け、親指を立てて、人差指と中指を伸ばす。

8

手のひらを自分に向け、親指を立てて、3指を伸ばす。

9

手のひらを自分に向け、親指を立てて、4指を伸ばす。

10

手のひらを相手に向けて、人差指を立てて曲げる。

11

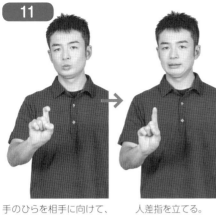

手のひらを相手に向けて、人差指を立てて曲げる。

人差指を立てる。

12

手のひらを相手に向けて、人差指を立てて曲げる。

人差指と中指を立てる。

13

手のひらを相手に向けて、人差指を立てて曲げる。

3指を立てる。

14

手のひらを相手に向けて、人差指を立てて曲げる。

4指を立てる。

15

手のひらを相手に向けて、人差指を立てて曲げる。

親指を横に出し、ほかの指は握る。

16

手のひらを相手に向けて、人差指を立てて曲げる。

手のひらを内側に向けて、親指を立てて、人差指は横に出す。

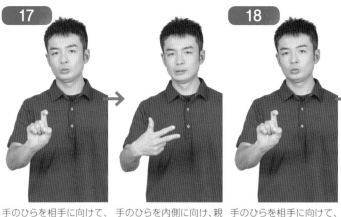

17

手のひらを相手に向けて、人差指を立てて曲げる。

手のひらを内側に向け、親指を立てて、人差指と中指を伸ばす。

18

手のひらを相手に向けて、人差指を立てて曲げる。

手のひらを内側に向け、親指を立てて、3指を伸ばす。

19

手のひらを相手に向けて、人差指を立てて曲げる。

手のひらを内側に向け、親指を立てて、4指を伸ばす。

20

手のひらを相手に向け、人差指と中指を立てる。

立てた指を曲げる。

30

手のひらを相手に向け、人差指と中指、薬指を立てる。

立てた指を曲げる。

40

手のひらを相手に向け、人差指と中指、薬指、小指を立てる。

立てた指を曲げる。

50

手のひらを自分に向け、親指を立てて、ほかの指は握る。

親指を曲げる。

60

手のひらを自分に向けて、親指を立て、人差指を横に出す。

親指と人差指を曲げる。

70

手のひらを自分に向け、親指を立てて、人差指と中指を伸ばす。

伸ばした2指を曲げる。

80

手のひらを自分に向け、親指を立てて、3指を伸ばす。

伸ばした3指を曲げる。

90

手のひらを自分に向け、親指を立てて、4指を伸ばす。

伸ばした4指を曲げる。

100

手のひらを自分に向け、人差指を下に向ける。

手首を返すようにして、人差指を振りあげる。

名前、年齢、出身地など、これまでの手話を使って自己紹介をしてみましょう。

Lesson1から5のおさらい

はじめまして　私の名前は佐藤と申します

はじめて
手のひらを下に向け、重ねる。

右手をあげながら、人差指以外の4指をすぼめる。

会う
両手の人差指を向かい合わせて立てる。

人差指を近づけるとともに頭を少し前に出す。

私
人差指で自分のことを指す。

名前
右手は親指だけを立てて握り、その親指を左手の真ん中につける。

佐藤
手のひらを揃えて自分に向ける。

口元で2回まわす。

言う
立てた人差指を自分のアゴにつける。人差指を前に出す。

出身は東京です　22歳です

出身
手のひらを上に向け、軽く曲げる。

両手を前に出しながら手を開く。

東京
両手のひらを相手に向け、親指と人差指を出す。ほかの指は握る。

手はそのままで、上に2回動かす。

歳
手のひらを下に向けて開き、アゴにつけてから握る。

22
手のひらを相手に向け、人差指と中指を立てる。立てた指を曲げる。

手のひらを相手に向け、人差指と中指を立てる。

私は聴者です　手話を勉強しています　よろしくお願いします

私
人差指で自分のことを指す。

聴者
両手の人差指でそれぞれ耳元と口元を指し、2回移動させる。

手話
手のひらを自分に向け、横に出した人差指を向かい合わせ、半周遅れで回転させる。

勉強
広げた両手のひらを上に向け、ナナメ下に動かす。

中
左手の人差指と中指を横に伸ばす。右手の人差指をその真ん中に立てて、漢字の「中」を作る。

よろしく
右手を握り、鼻先につける。

お願い
指先を揃えて手を開き、頭とともに下に動かす。

※手話では、以下例文パターン2のように、「何」「どこ」「いくつ」という表現を入れる場合もあります。

パターン1　はじめまして私の名前は中田です

はじめて　**会う**　**私**　**名前**

手のひらを下に向け重ねる。右手をあげながら人差指以外の4指をすぼめる。

両手の人差指を向かい合わせて立てる。人差指を近づけるとともに頭を少し前に出す。

人差指で自分のことを指す。

右手は親指だけを立てて握り、その親指を左手の真ん中につける。

中

田

右手の親指と人差指、左手の人差指を使い、漢字の「中」をつくる。

上に向けた3指と横に向けた3指を重ねあわせ漢字の「田」をつくる。

パターン2　はじめまして私の名前は中田です

はじめて　**会う**

手のひらを下に向け重ねる。右手をあげながら人差指以外の4指をすぼめる。

両手の人差指を向かい合わせて立てる。人差指を近づけるとともに頭を少し前に出す。

私　**名前**

何

中

田

人差指で自分のことを指す。

右手は親指だけを立てて握り、その親指を左手の真ん中につける。

手のひらを相手に向け、右手の人差指を立てて、小さく振る。

右手の親指と人差指、左手の人差指を使い、漢字の「中」をつくる。

上に向けた3指と横に向けた3指を重ねあわせ漢字の「田」をつくる。

パターン1　出身は大阪です

出身

大阪

手のひらを上に向け、軽く曲げ両手を前に出しながら手を開く。

相手に手のひらを向け、人差指と中指を揃えて立て、額の横に2回あてる。

パターン2　出身は大阪です

出身

どこ

大阪

手のひらを上に向け、軽く曲げ両手を前に出しながら手を開く。

人差指を立てて、軽く振る。

相手に手のひらを向け、人差指と中指を揃えて立て、額の横に2回あてる。

パターン1　年齢は32歳です

年齢

手のひらを下に向けて開き、アゴの下につけてから握る。

32

手のひらを相手に向け、人差指と中指、薬指を立ててから曲げる。

手のひらを相手に向け、人差指と中指を立てる。

パターン2　年齢は32歳です

年齢

手のひらを下に向けて開き、アゴの下につけてから握る。

いくつ

手のひらを自分に向け、親指から順番に曲げていく。

32

手のひらを相手に向け、人差指と中指、薬指を立ててから曲げる。

手のひらを相手に向け、人差指と中指を立てる。

昭和52年生まれです

昭和

親指と人差指を立ててカギ型にする。右耳下からアゴに沿って2回つける。

52

手のひらを自分に向け、親指を立てて、ほかの指は握る。

親指を曲げる。

手のひらを相手に向け、人差指と中指を立てる。

年

左手を握り、右手は人差し指を出す。右手人差指を左手につける。

生まれ

胸の前で、両手を上に向ける。

両手を同時に前に出す。

よろしくお願いします

よろしく

右手を握り、鼻先につける。

お願い

指先を揃えて手を開き、頭とともに下に動かす。

Lesson1から5に関する練習問題

※答えはP158に掲載しています

動画スタート

写真の手話は何を表しているでしょうか？
Practice 1
Lesson 1-1（P12）に関する練習問題

ヒント

手話を最初に使うとき
よく用いるフレーズです

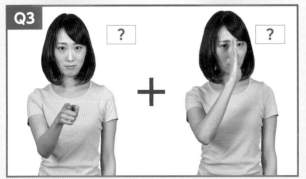

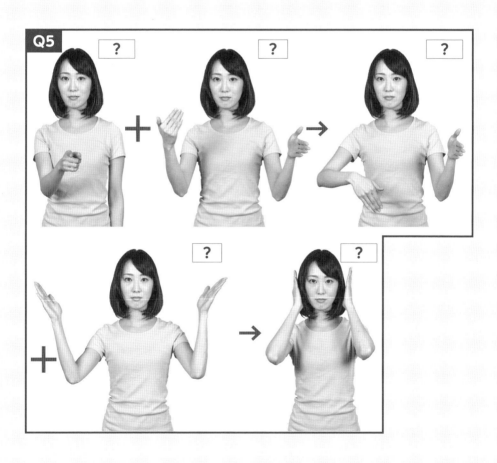

49

Practice 2
Lesson 3-1 (P16) に関する練習問題

ヒント　漢字を表しています

Q5

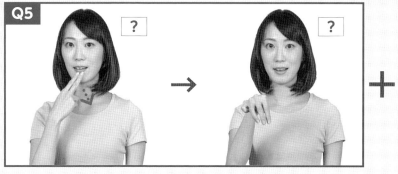

Q6

Practice 3
Lesson 5-1 (P38) に関する練習問題

ヒント 数字を表しています

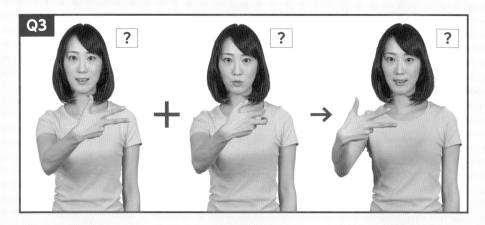

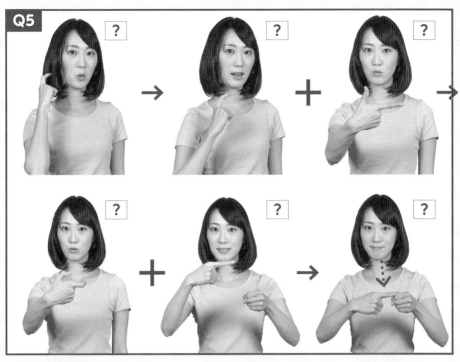

　手話の会話を早く身につけるためには、相手の言葉を読み取る力が大切になります。手話は使う人の個性が表れるので、より多くの人の手話に触れることで理解度のアップをはかることができます。有効な方法としては、テレビやインターネットの動画を利用することです。手軽に様々な手話に触れることができます。NHKの手話ニュースになると、キャスターの手話が流暢になるので、初心者には難しいかもしれませんが、一つでもわかる単語を見つけ、その数を少しずつ増やすことでレベルアップにつながります。また、地域のサークルやろう者や中途失聴者、難聴者との交流イベント、スポーツ大会などに参加して実践的な会話を行えば、読み取る力はさらに身についていくでしょう。

同じ「会う」でも使う人によって個性が表れる

PART
2

挨拶を
してみよう

動画スタート

挨拶は会話の基本です。手話でもまずは挨拶から会話を始めます。

久しぶりです。元気でしたか？

動画スタート

挨拶（よう！）

久しぶり

手のひらを相手に向け、指先で額に
触れてから手を前に出す。

手のひらを上に向けて軽く曲げ、
4指の背を合わせる。

左右に広げる。

元気

あなた

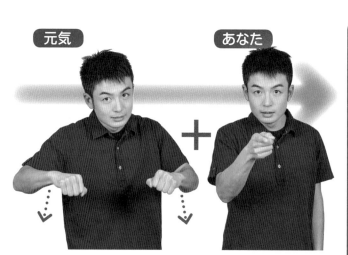

両手のひらを下に向けて握り、
2回下にさげる。

人差指を相手に向けながら
眉をあげる。

STEP！

程度を表す
単語

まあまあ

手のひらを自分に向け、親指
と人差指で円を作り、その指
先で鼻からナナメ左下に2,3
回動かす。

6-2 やあ！　元気です。あなたは？

挨拶（やあ！）	元気	あなた？

手のひらを相手に向け、手を前に出す。

両手のひらを下に向けて握り、2回下にさげる。同時に軽くうなずく。

人差指を相手に向けながら、眉をあげ頭を少し下げる。

6-3 私も元気です。

同じ	元気	私

両手のひらを上に向け、親指と人差指を相手に向ける。そのまま、親指と人差指を2回つける。

両手のひらを下に向けて握り、2回下にさげる。

人差指で自分のことを指す。

STEP!　挨拶の単語

おはよう

手のひらを自分に向けて握り、こめかみから頬に動かす。両手を向かい合わせ人差指を立てた後曲げる。

こんにちは

手のひらを左側に向け、人差指と中指を伸ばして額の前にあてる。両手を向かい合わせ人差指を立てた後曲げる。

こんばんは

腕を開いてヒジを曲げ、手のひらを相手に向ける。手のひらを体の前で交差させる。両手を向かい合わせ人差指を立てた後曲げる。

おやすみ

左の頬の横で両手のひらを合わせる。

Lesson 7-1
手話の勉強はどうしていますか?

動画スタート

手話

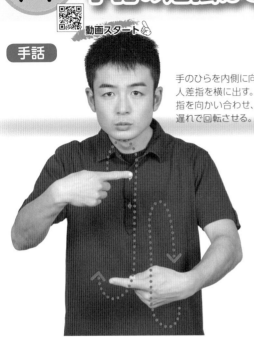

手のひらを内側に向け、人差指を横に出す。人差指を向かい合わせ、半周遅れで回転させる。

勉強

広げた手のひらを上に向け、ナナメ下に動かす。

方法

両手のひらを下に向け、右手は左手の上に位置する。

右手をおろし左手の甲を2回叩く。

何?

手のひらを相手に向け、人差指を立てて、頭とともに小さく振る。

58

7-2　手話の本を読みながら勉強しています

手話	本	読む	勉強	中

手のひらを内側に向け、人差指を向かい合わせ、半周遅れで回転させる。

相手に指先を向けるように手のひらを合わせ、左右に開く。

左手の手のひらを自分に向け、右手の人差指と中指を左手に向ける。右手を左から右へ動かす。

広げた手のひらを上に向け、ナナメ下に2回動かす。

両手で漢字の「中」を作る。

7-3　素晴らしいですね！　その調子で続けたら

拍手	勉強	続ける	

開いた両手を上にあげてヒラヒラさせる。

広げた手のひらを上に向け、ナナメ下に2回動かす。

両手を相手に向け、親指と人差指で円を作り交差させる。ほかの3指は立てる。

手の形は変えずに、その手を前に出す。

伸びると思いますよ　頑張ってくださいね！

手話	伸びる	思う	頑張る

手のひらを自分に向け、人差指を向かい合わせ、半周遅れで回転させる。

手のひらを下に向け、ナナメ上に動かす。

人差指で自分の眉毛辺りを指す。

両手のひらを下に向けて握り、下にさげる。「元気」と同じ形。

7-4　ありがとう　頑張ります

ありがとう	頑張る

左手の手のひらを下に向け、右手は手のひらを左に向けて左手に当てる。右手を上に動かす。

ヒジを張り、両手で拳をつくり前に出し、上下させる。

POINT!

聴者は手をたたいて拍手しますが、ろう者は手をヒラヒラさせて拍手します。※7-3「拍手」参照

知らない人について尋ねる場合について紹介します。名前とともに覚えましょう。

隣にいる彼は誰ですか?

動画スタート

指さし	男性	誰?

 +

男性に人差し指を向ける。

4指は握り、親指を立てて相手に向ける。

握った右手の指の背を右頬に当てながら眉をひそめ頭を少し下げる。

8-2 彼は斎藤と言います

指差し（彼）	名前

 +  +

右手は親指だけを立てて握り、左手の真ん中につける。

隣を人差し指で指差す。

斉藤	

 →

人差し指と中指を立てて口元にあてる。

人差し指と中指でアゴを2回程度なでる。

POINT!

指さしについて

人差し指でさされると違和感があるかもしれませんが、ろう者の会話では頻繁に指さしが出てきます。見て理解する言葉だからこそ、何をさしているのか見てもらうために、はっきり指さしで表現することが多いのです。

言う

立てた人差指を自分のアゴにあてる。

人差指を前に出す。

指差し

隣を人差指で指差す。

8-3 知り合いですか?

知っている

右手で胸を
なでるように
動かす。

会う?

立てた両手の人差指を
近づけながら、頭を少し前に出
すとともに眉を少しあげる。

8-4 はいそうです　友達です

はい

手のひらを上に向けて
人差指をと親指を広げる。

人差指と親指をつけると
同時に2回うなずく。

指差し（彼）

隣を人差指で指差す。

友達

右手は手のひらを相手に
向け、自分の方を向けた左
手を2回重ねる。

Lesson 9-1

出身地を聞いてからの会話の流れの一例を紹介します。

お住まいはどこですか?

動画スタート

住む　　**どこ**

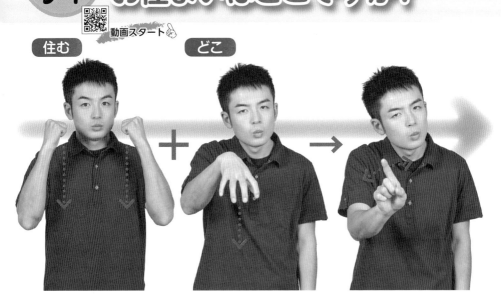

両手を握り、顔の横から下におろす。

手を軽く広げ、曲げた5本の指で下を指す。

手のひらを相手に向け、右手の人差指を立てて、頭とともに小さく振る。

9-2　北海道です

北海道です

人差指と中指を揃えてハの字にする。

手をさげながら開いた後は両手を近づける。

9-3 遠いですね　わざわざ遠くからご苦労様です

遠い

右手は手のひらを相手に向けて、人差指と親指を伸ばして半円を作る。左手は右手に向けて人差し指と親指で半円を作り、右手と触れ合わせる。

右手だけを前に出す。

わざわざ

両手のひらを自分に向け、指を広げて軽く曲げる。

2回前に出す。

来る

腕を伸ばし、手のひらを自分に向けて人差し指を立てる。

自分の方に手を引き寄せる。

ご苦労様

左手は手のひらを下に向けて握り、右手は左手の上で手のひらを自分に向けて握る。右手をさげて左手の腕に2回拳を当てる。

9-4 いいえ　あなたの家はここに近いですか？

いいえ　　あなた　　家　　ここ　　近い？

手のひらを相手に向けて軽く振る。

相手を指す。

手のひらを向かい合わせ、指先だけをつけて山型を作る。

人差指を下に向ける。

両手の親指と人差指で円を作る。相手側に出した右手を自分側にある左手にあてながら眉をあげる。

9-5 私の地元で近いんです

そうです　　ここ　　私の　　地元　　近い

親指と人差し指を広げてから2回閉じる。

人差し指を下に向ける。

人差し指で自分のことを指す。

左手のひらの上に右手の親指を回転させて人差し指で円を描く。

両手のひらを下に向けて指を広げて軽く曲げる。出した右手を左手に寄せる。

私の年齢はいくつに見えますか?

動画スタート

私

人差指で自分のことを指す。

年齢

手のひらを下に向けて開き、アゴに親指をつける。

アゴの下で親指から1本ずつ折っていく。

いくつ

手のひらを自分に向けて開き、親指を曲げる。4指はナナメ上に向ける。

人差指から順番に指を折る。

見える?

手のひらを自分に向けて、人差指と中指を自分の目に向けながら、目を少しつぶる。

10-2 え〜、30歳？

30

手のひらを相手に向け、3指を立てる。

立てた3指を曲げながら、眉を少しひそめる。

10-3 違うよ　もう少し下だよ

違う　　　　下

親指と人差指を立てた右手で手首を2回ひねる。

手のひらを左側に向けて4指を折り、下にさげる。

PART 2 挨拶をしてみよう

10-4 28歳？

20　　　　　　8？

手のひらを相手に向け、人差指と中指を立てる。

立てた人差指と中指を曲げる。

手のひらを自分に向け、親指を立てて、3指を伸ばしながら、眉を少しひそめ頭を少しかしげる。

POINT!

年齢を聞かれた場合

ろう文化では、年齢をはっきり聞く傾向があります。年齢を明かすことでグッと距離が縮まり、会話が広がるチャンスになります。どうしても答えたくない場合は、「秘密」(P66)と答えても構いません。

10-5 あたりです　老けて見えたのかな

あたり　　老ける　　見えた

両手の人差指を立ててくっつける。

軽く指を曲げた右手をあげてアゴにあてる。

手のひらを自分に向けて、人差指と中指を自分の目に向ける。

10-6 ごめんなさい

ごめんなさい

自分の額に人差指と親指を向け、2指をつける。

手のひらを左側に向けて上から下に動かす。

10-7 構いませんよ

構わない

手のひらを自分に向けて小指を立ててアゴに2回当てる。ほかの4指は握る。

65

Word 6 年齢に関する単語

 動画スタート

先輩

指先を左側に向けて4指を曲げ、その手をあげる。

後輩

指先を左側に向けて4指を曲げ、その手をさげる。

同期（同級生）

両手を同じ高さで並べ右手を左手に2回程つける。

女性

手のひらを自分に向けて握り、小指を立てる。

秘密

親指と人差し指で円を作り、左の口横につける。

そのまま右へ動かす。

見える

相手に対して使う場合は、人差し指と中指を前に出す。

見えた（見られる）

自分に使うときは自分の方を指す。

へー

手のひらを内側に向け、額の前に出す。

そのまま、胸の下まで手をさげる。

上

手のひらを上に向け、手をあげる。

下

手のひらを下に向け、4指を曲げる。
親指は立てる。

そのまま、手をさげる。

若い

手のひらを自分に向け
て額につける。

横に移動する。

老ける

左手は手のひらを上に
向け、指を広げて軽く曲
げる。右手はアゴの下で
手のひらを下に向けて
指を広げて軽く曲げる。

右手をあげてアゴにあて、
同時に左手はさげる。

あたり

左右の人差指は立てる。

右手の人差指をおろし、
人差指同士をあてる。

外れ

左手は握り、右手は手
のひらを下に向けて人
差指を立てる。

右手で左手に触れてか
ら左ナナメ上を指す。

動画スタート

これはどんな意味ですか？

これ。　　　　意味

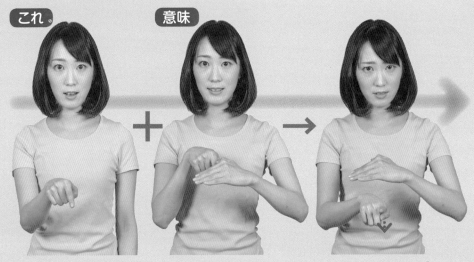

人差し指を向ける。　　　　左手のひらを自分に向け、右手をその後ろに隠す。左手を上にあげ、右手の人差し指を相手に向けて前に出す。

何？

手のひらを相手に向けて人差指を立て、右ナナメ下に2回振りながら眉を少しひそめる。

すみませんが　もう一回説明してください

ごめんなさい

自分の額に人差指と親指を向け、2指をつける。手を
開き、手のひらを左側に向けて上から下に動かす。

もう一回

人差指を自分のアゴの下にいれる。顔の前に出す。

説明（される）

左手は手のひらを上に向け、右手は手の
ひらを自分に向ける。右手の4指を自分
に向け、下に動かし左手に2回あてる。

お願い

自分のことを指さす。

手のひらを左側に向け、顔
の前に出す。

すみませんが　ゆっくり説明してください

ごめんなさい

自分の額に人差指と親指を向け、2指をつける。手を
開き、手のひらを左側に向けて上から下に動かす。

ゆっくり

両手ともに人差指と親指を伸ばしてほかの3指は握
る。人差指同士を向かい合わせる。右から左に両手を
一緒に動かす。

説明（される）

左手は手のひらを上に向
け、右手は手のひらを自
分に向ける。右手の4指
を自分に向け、下に動か
し左手に2回あてる。

お願い

自分のことを指差す。

手のひらを左側に向け、顔
の前に出す。

手話のバリエーションを広げよう

手話の会話をより楽しくするためには、言葉の数を増やすだけではなく、顔の動きや動作を意識することがポイントになります。なぜなら、手や指の動きだけではなく顔の動きや動作の早さ、仕方なども含めてはじめて手話になるからです。

例えば、「お願いします。」と言う場合、口唇を横に開いて早めに表現すると（写真左）「頼みますね」と軽い感じになりますが、眉をひそめるような顔でゆっくり表現すると（写真右）「無理に頼んで申し訳ない」と恐縮している姿勢を表すことができます。手の動きは同じですが、顔の動きや動作が変わるだけで意味が変わります。

手話の敬語の基本は、小さくゆっくり表現することです。手だけ動かしても無表情では伝わらないので、顔の動きを変えたり動作を意識することで、表現方法の幅が広がり、より相手に気持ちを伝えることができるでしょう。

同じ手話でも顔の動きや動作が違うと意味合いが異なる。

PART
3

自分のことを
相手に伝えてみよう

動画スタート

会話の糸口ともなる誕生日の話題。自己紹介の一部として覚えておくといいでしょう。

誕生日はいつですか?

動画スタート

あなた

誕生

人差指を相手に向ける。

手のひらを上に向けて5指が向かい合うように伸ばす。

腹につけたその手を前に出す。

いつ?

手のひらを上に向けて5指をすぼめた後、手をあげながら、指を伸ばす。

右手のひらは左側、左手のひらは右側を向け、4指を相手に向ける。

両手の4指を同時に握りながら、眉を少しあげ、頭を少しかしげる。

11-2 3月20日生まれです

| 3 | 月 | 20日 | 生まれ |

左手は手のひらを自分に向け、3指を横に出す。右手は左手の下で親指と人差指をつける。

左手はそのままで、右手の指を開きながら手をさげる。

左手は「3月」のまま、左手の下で右手の人差指と　中指を立てて曲げて左右に少し振る。

手のひらを上に向け、軽く握る。両手を相手側に動かしながら手を開く。

11-3 春分の日と同じですよね？

| 春 | | 日 | 同じ？ |

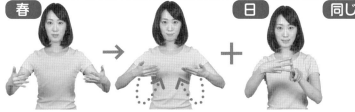

手のひらを上に向け、5指を伸ばす。

両手で円を描くようにしながら手前に2回引き寄せる。

左手の人差指を立て、右手のひらは自分に向けて3指を横に出す。「日」の漢字を作る。

両手のひらを上に向け、親指と人差指を立てて2回合わせながら、眉を少しあげる。

11-4 そうなんです　覚えやすいでしょう？

| そう | 覚える | | スムーズ | でしょう？ |

親指と人差指を広げてから2回閉じる。「はい」の動きと同じ。

右手を額の横に出し、手のひらを自分に向ける。

右手を額に向かって動かしながら握る。

頬の横で4指を立てる。手のひらを下に向けながら、前に出す。

親指と人差指を広げてから閉じながら、眉を少しあげ、頭を少しさげる。「はい」の動きと同じ。

11-5 本当だ　覚えやすいですね

| 本当 | 覚える |

手のひらを左に向け、4指を伸ばし、2回程口にあてる。

右手を額の横に出し、手のひらを自分に向ける。額に向かって動かしながら握る。

曜日を表す場合には「曜日」を、○月×日を表す場合には、「日」は省略します。

日時に関する単語

 動画スタート

月曜

手のひらを相手に向けて親指と人差指で半円を作る。

手をさげながら、人差指と親指を相手に向けて伸ばす。

火曜

手のひらをナナメ左に向けて5指を立てる。

手のひらを揺らしながら、顔の前にあげる。

水曜

手のひらを上にして指を揃えて伸ばす。

木曜

手のひらを下にして人差指を相手に向けて伸ばし、親指は向かい合うように伸ばす。

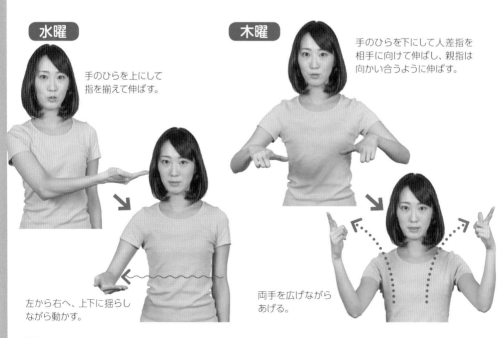

左から右へ、上下に揺らしながら動かす。

両手を広げながらあげる。

金曜

手のひらを相手に向けて親指
と人差指で丸を作る。3指は
立て、2回手首をひねる。

土曜

手のひらを下に向けて、
5指をすぼめる。

親指と人差指をこする。

日曜
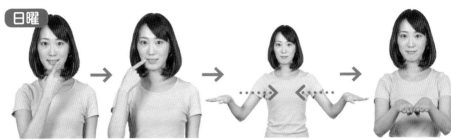

手のひらを自分に向けて
人差指を伸ばし、口につ
ける。

人差指を左から
右へ動かす。

両手のひらを下に向けて
指を揃えて伸ばす。

両手のひらを下に向けて
指を揃えて伸ばす。

春

夏

手のひらを上に向け、5指を
伸ばして向かい合わせる。

自分に向かって円を描くよ
うにナナメ上に2回引き寄
せる。

手のひらを自分に向け、親
指を伸ばし4手を握る。

ウチワであおぐように2
回動かす。

秋

冬

顔の前で両手のひらを自分
に向けて指を開いて伸ばす。

顔の横に2回引き寄せる。

両手を顔の横に
2回引き寄せる。

寒い様子を表す。

75

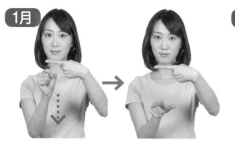

1月
左手の人差し指を横に出す。右手で丸を作る。

右手をさげながら、人差指と親指を相手に向けて伸ばす。

2月
左手の人差し指と中指を横に出す。右手の人差指と親指で丸を作る。

右手をさげながら、人差指と親指を相手に向けて伸ばす。

3月
左手の3指を横に出す。右手の人差指と親指で丸を作る。

右手をさげながら、人差指と親指を相手に向けて伸ばす。

4月
左手の4指を横に出す。右手の人差指と親指で丸を作る。

右手をさげながら、人差指と親指を相手に向けて伸ばす。

5月
左手の親指を横に出す。右手の人差指と親指で丸を作る。

右手をさげながら、人差指と親指を相手に向けて伸ばす。

6月
左手の親指を立て、人差し指を横に伸ばす。右手の人差指と親指で丸を作る。

右手をさげながら、人差指と親指を相手に向けて伸ばす。

7月
左手の親指を立て、人差し指と中指を横に伸ばす。右手の人差指と親指で丸を作る。

右手をさげながら、人差指と親指を相手に向けて伸ばす。

8月
左手の親指を立て、3指を横に伸ばす。右手の人差指と親指で丸を作る。

右手をさげながら、人差指と親指を相手に向けて伸ばす。

9月
左手の親指を立て、4指を横に伸ばす。右手の人差指と親指で丸を作る。

右手をさげながら、人差指と親指を相手に向けて伸ばす。

10月
左手の人差指を立てて曲げる。右手の人差し指と親指で丸を作る。

右手をさげながら、人差指と親指を相手に向けて伸ばす。

11月

左手の人差指をカギ型に曲げる。右手の人差指と親指で丸を作る。その後、左人差指を伸ばす。

右手をさげながら、人差指と親指を相手に向けて伸ばす。

12月

左手の人差指と中指をカギ型に曲げる。右手の人差指と親指で丸を作る。その後、左人差指を伸ばし、中指も伸ばす。

右手をさげながら、人差指と親指を相手に向けて伸ばす。

S T E P !　片手だけで「○月」を表すこともできる

ここでは、両手を使い、右手で「月」を示すやり方をお伝えしたが、片手だけで「○月」を表現することもできる。慣れてくれば、片手だけで表しても伝えやすいが、手話の初心者にとっては両手を使った方が伝わりやすい。

手のひらを自分に向け、人差指を左側に向けて出す。

手のひらを相手に向けて親指と人差指で丸を作る。

手をさげながら、人差指と親指を相手に向けて伸ばす。

Lesson 12-1 学生ですか？

動画スタート

今	学生？	

両手のひらを下に向けて指を広げる。両手をさげる。

両手のひらを自分に向け、右手を胸の前、左手を腹の前に置き、指を開く。

手を握りながら右手を下に、左手を上に動かしながら眉を少しあげ、頭を少しかしげる。

12-2　そうです　大学2年生です

そうです
両手の親指と人差指を広げてから2回閉じる。

2年生
右手の人差指と中指を横に出し、左手はその下で握る。

大学
両手の親指と人差指を立て、右手は額の横で人差指を相手に向ける。左手は顔の前に。右手は顔の前、左手を額の横へ入れ替え親指と人差指をつける。

右手の人差指と中指を左手につけてから、横に動かす。

12-3 大学生活は楽しいですか?

大学

親指と人差指を立て、右手は額の
横に位置し左手は顔の前に出す。
次に、手を入れ替え、左手を額の
横に、右手を顔の前に出し、親指
と人差し指をつける。

生活

両手のひらを相手に向け、人
差指を立て、親指を横に出す。
指で四角を作るイメージ。

その手を体の前から反時計
回りに回す。

楽しい?

両手のひらを自分に向け、
指を開いて交互に上下さ
せながら眉を少しあげる。

12-4 勉強は忙しいですが

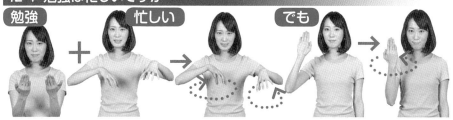

勉強

手のひらを自分に
向け、指を揃えて
伸ばす。

忙しい

手のひらを下に向け
て指を軽く曲げる。

左右反対向きに
指で円を描く。

でも

顔の横で、手のひら
を相手に向けて指
を揃えて伸ばす。

手のひらを自分に
向ける。

友達と会ったりするのは楽しいです

友達

両手を握る。

会う

両手の人差指を向かい合
わせて伸ばす。

握った指をつける。

楽しい

両手のひらを自分に向け、指
を開いて交互に上下させる。

STEP! 気持ちを表す単語

面白い

握った手を腹に2回あてる。胸に2回あてる場合
もある。

つまらない

手のひらを自分の額に向け、手を開き指を軽く
曲げる。顔に沿ってその手をさげる。

自分の立場を表したり、家族の年齢を伝えるためにも使える単語です。

学校に関する単語

動画スタート

幼稚園

手を軽くたたき合わせ、少し位置をずらして再度たたき合わせる。

右手のひらを下に向け、指を開いて軽く曲げ、下に動かす。

保育園

両手を上下に動かす。

右手のひらを下に向け、指を開いて軽く曲げ、下に動かす。

小学校

右手人差指と中指で左手の人差指をはさむ。

両手のひらを自分に向け、4指をつける。相手に向かって両手を2回出す。

中学校

右手の親指と人差指、左手の人差指を使って漢字の「中」をつくる。

両手のひらを自分に向け、4指をつける。相手に向かって両手を2回出す。

高校

人差指と中指を横に出し、その指先を額につける。

顔の右横までその手を移動する。

大学院

顔の前と横で親指と人差指をつけ、左右の手を入れ替えてから親指と人差指をつける。(「大学」を表す)

その後、右手の人差指を右の額につけたまま手を開くと、大学院を表す。

専門学校

| 専門 | | 学校 |

両手を開いて、人差指と中指を相手に向ける。 / その手を、横に動かしてから上に移動する。 / 両手のひらを自分に向け、4指をつける。相手に向かって両手を2回出す。

小学校1年生

小学 / 1年 / 学生

右手人差指と中指を左手の人差指を2回はさむ。 / 両手のひらを自分に向け、4指をつける。相手に向かって両手を出す。 / 右手の人差指を左手につけてから、横に動かす。 / 開いた両手を動かしながら握る。

2年 / 3年 / 4年 / 5年 / 6年

右手の人差指と中指を左手につけてから、横に動かす。 / 右手の3指を左手につけてから、横に動かす。 / 右手の4指を左手につけてから、横に動かす。 / 右手の親指を横に出す。左手につけてから横に動かす。 / 右手のひらを自分に向け、親指を立て、人差指を横に出す。左手は手のひらを自分に向けて握る。

中学生

中学 / 学生

両手で漢字の「中」をつくる。 / 開いた両手を動かしながら握る。

高校生

高校 / 学生

人差指と中指を横に出し、横へその手を移動する。 / 開いた両手を動かしながら握る。

年齢を伝えるのと同様に、「私＋仕事＋○○」という並びで自分の職業を伝えます。

社会人ですよね?仕事は何をしていますか?

動画スタート

社会

手のひらを自分に向け、親指と小指を立てる。立てた両手の小指を近づける。

左右に広げてから手のひらを相手に向け、親指を近づける。

人

手のひらを下にして、人差指を相手に向け、空中で「人」の字を書く。

ですよね?

親指と人差指を広げてから閉じながら眉を少しあげる。2回行う。「はい」と同じ。

仕事

両手を上に向け、指を軽く曲げる。体の前で両手を2回程動かす。

何?

手のひらを相手に向け、右手の人差指を立てて、小さく振りながら、頭を少しさげる。

※動画13-1POINTに収録の「何年」「1年間」「2年間」はP85に掲載しています。

13-2 教師を務めております

私  **仕事** **教師**

人差指で自分を指す。

両手を上に向け、指を軽く曲げて、体の前で2回程両手を動かす。

人差指をナナメ下に軽く2回動かす。

右手の5指を集め、左胸にあてる。

13-3 教師は何年間やっているのですか?

教師  **仕事**  **何年**  **目?**

人差指を横に出してから、ナナメ下に向ける。右手の5指を集め、左胸にあてる。

両手のひらを上に向け、指を軽く曲げて、体の前で2回程両手を動かす。

指を順番に折ってから、右手を左手の周りで回す。

人差指で自分の右目を指し、眉を少しあげる。

13-4 実は1年目なんです　以前は10年間公務員をしていました

実は  **1年**  **目**  **前(以前)**

手のひらを左側に向け、2回程アゴにつける。

左拳の周りで円を描く。左拳の上に人差指をつける。

人差指で右目を指す。

自分の顔の前に手のひらを出し、その手を手前に倒しながら額の横に動かす。

公務 **10年** **間** **勤める**

員

両人差指で「ハ」の字をつくり、その後右手で「ム」の字を描く。

人差指をカギ型にし左拳を1周する。

両手を上から下におろす。

手のひらを自分に向け、親指を立てる。胸の前から前に2回程出す。

職業に関する単語

動画スタート☝

会社員

人差指と中指を揃えて立てる。右手は耳の横から前へ、左手は前から耳の横へ動かす。

右手の5指を集め、左胸に当てる。(「員」を表す)

OL

5指を使って丸を作る。「O」を指で作る。

手のひらを相手に向けて人差指を立て、親指を横に出す。「L」を指で作る。

右手のひらを左胸につけ、3指を伸ばす。

師

医師

左手のひらを上に向けて手を握り、右手の人差指と中指を揃えて手首に当てる。

右手の4指を握り、親指を顔の前で立てる。

看護

左手のひらを上に向けて手を握り、右手の人差指と中指を揃えて手首に当てる。

両手のひらを上に向けて、右手を下から上へ、左手を上から下へ動かす。

主婦

手のひらをナナメ下に向けて、指先を合わせる。

左手はそのままで、右手の小指を左手の下で立てる。

保育

両手を上下交互に動かす。

士

右手のひらを左胸につけ、3指を伸ばす。

警官

額の前で手のひらを相手に向け、人差指、親指を立てて横に出して曲げる。

介護福祉士

両手の人差指で「ハ」の字をつくった後、左手はそのまま、右手は人差指と中指を出して下におろす。

親指と人差し指をV字にし、アゴを挟む。手をおろしながら、親指と人差指を2回なでる。(「福祉」を表す)

手のひらを自分に向けて3指を伸ばし、自分の左胸に当てる。

美容師

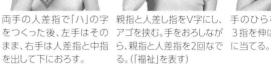

両手をハサミの形にし、交差させて「井」の型を作る。右手をナナメ上にあげ、同時に両手の人差指と中指を閉じる。

自営業

人差指で自分の胸を指してから、両手の親指と人差指で円を作り、交互に回転させる。

P O I N T !

何年

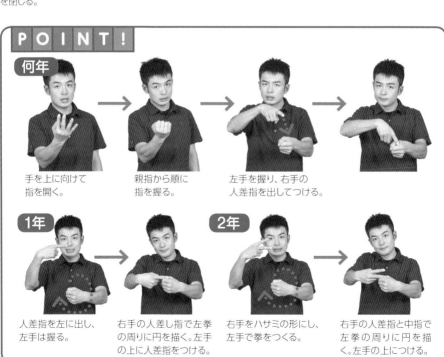

手を上に向けて指を開く。

親指から順に指を握る。

左手を握り、右手の人差指を出してつける。

1年

人差指を左に出し、左手は握る。

右手の人差し指で左拳の周りに円を描く。左手の上に人差指をつける。

2年

右手をハサミの形にし、左手で拳をつくる。

右手の人差指と中指で左拳の周りに円を描く。左手の上につける。

※上記POINTは、動画13-1に収録しています。

Lesson 14-1 兄弟はいますか?

動画スタート👉

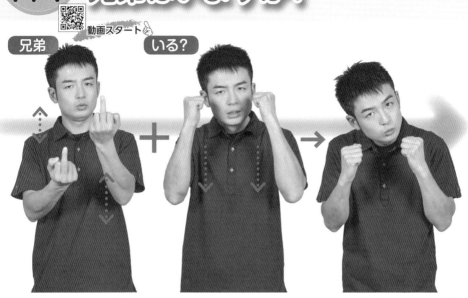

兄弟 | いる?

両手のひらを自分に向け、中指を立てる。両手を上下に動かす。

両手のひらを自分に向けて握る。

両拳をさげながら、眉を少しあげ頭を少しかしげる。

14-2 姉と弟がいます。

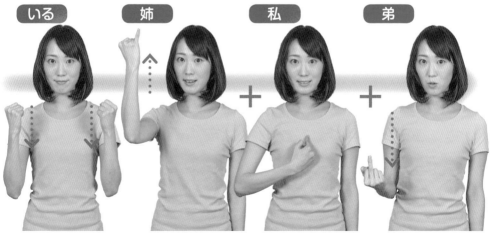

いる | 姉 | 私 | 弟

両手のひらを自分に向けて握る。両拳をさげる。

手のひらを自分に向け、小指を立て、手をあげる。

人差指で自分を指す。

手のひらを自分に向け、中指を立て、手をさげる。

14-3　5人家族ということですか？

家族		全部	5人
両手の指先を合わせる。	左手はそのままで、右手の親指と小指を立て振る。	両手で円を描く。	親指で漢字の「人」を描く。

14-4　いいえ　おばあさんがいますので

違う	祖母	いる	から
親指と人差し指をV字にし、手のひらを返しながら2回振る。	小指を曲げ、小さく波を描くように動かす。	両手のひらを自分に向けて握る。両拳をさげる。	手のひらを相手に向け、親指と人差指を交差させて円を作る。3指は立てる。

全部で6人です

全部		6	人
両掌を下に向け、指先をつける。左右ともに半円を描きながら手のひらを上に向ける。腹の前で、手の側面をつける。		親指と人差指を伸ばす。	その指のまま、空中で「人」の字を描く。

※空書きとは…空中で文字や数字を書いて相手に伝える方法。「人」「公」「乙」などの字に使われる。自分から見て正しい文字を書くため、相手から見ると鏡文字に見える。

S T E P !　反対語を覚えておけば、会話がさらにスムーズに

会話をする上で、自己紹介とともにその反対語を覚えておけば、相手が伝えたいこともわかりやすい。ここでは、「いる」の反対語である「いない」を紹介する。このように、セットで覚えておくとより理解が深まるだろう。

いない

両手を開いて手のひらを相手に向ける。　　手のひらを返す。

87

自分の家族を紹介するときに使う単語を紹介します。

家族に関する単語

 動画スタート 👆

家族

手のひらをナナメ下に向けて、指先を合わせる。 　左手はそのままで、右手の親指と小指を立て、左手の下で2回振る。

両親

右手の人差指を右頬にあてる。 　手のひらを自分に向け、親指と小指を立て、それ以外の3指は握る。

父

人差指を頬にあてる。 　親指を上に動かす。

母

右手の人差指を右頬にあてる。 　小指を上に動かす。

兄

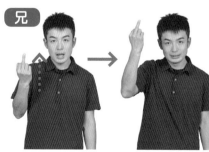 

手のひらを自分に向け、中指を立てる。 　そのまま手をあげる。

姉

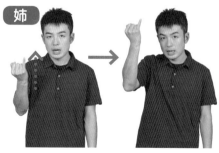

手のひらを自分に向け、小指を立て、手をあげる。

弟

中指を立てる。「兄」とは逆に、手を2回さげる。

妹

小指を立て、手を2回さげる。

兄弟

中指を立てる。両手を上下に動かす。

姉妹

両手の小指を立てる。両手を上下に動かす。

祖父

親指をカギ型に曲げ、小さく波を描くように2回動かす。

祖母

小指をカギ型に曲げ、小さく波を描くように2回動かす。

孫

指を揃え、2段階でナナメ下に出す。

親戚（いとこ）

口の横に両手を持っていき、親指と人差し指をつける。右手だけを前に出す。

夫

指先を胸にあて、横に出しながら手を握り、親指を立てる。

妻

小指を立て、胸にあててから横に出す。

息子

手のひらを自分に向けて親指を立て、下に出す。

娘

手のひらを自分に向けて小指を立て、下に出す。

POINT!　手話の表現と同時にうなずく

○ GOOD

首がうなずいている。

× BAD

首の動きを意識していない。

「姉と弟がいます」と答える時には、姉を表現する手話と同時に首をうなずく動作をし、その後、弟を表す手話をすることで、意味が成立します。姉の手話の後に首をうなずかないまま弟の手話を表現すると、「姉の弟」という意味になってしまいますので、気をつけましょう。

自分の好きなことについての会話は盛り上がります。趣味について聞いてみましょう。

あなたの趣味はなんですか？

動画スタート

あなた

人差指を相手に向ける。

趣味

頬の横で手のひらを相手に向けて
指を立てる。

＋

何？

指を同時に折り曲げる。

手のひらを相手に向け、右手の人差
指を立てて、小さく振りながら、眉
を少しひそめ頭を少しかしげる。

15-2 野球です

私  ＋ **趣味**  → **野球**

人差指で自分を指す。

頬の横で手のひらを相手に向けて指を立てる。

5指を同時に曲げる。

バットを握った形にし、体の右横から正面に動かす。

15-3 野球はうまいんですか？

野球  →  **上手？**  →

左手の親指と人差指で丸を作り、右手の人差し指を伸ばす。

右手を左手の円につけ、右手でバット、左手でボールのイメージ。

左手のひらを下に向けて指を揃えて伸ばす。

右手で、左手のヒジ下から指先をなでながら、眉を少しあげる。

15-4 いいえ　うまくないです　野球をやるよりも見るのが好きです

いいえ  ＋ **下手**  **私**  **野球**

手のひらを左側に向け、4指を揃えて伸ばし、右から左へ動かす。

左手のひらを自分に向け、指先は下に向ける。右手で手首の上を軽くこすりあげる。

人差指で自分を指す。

バットを握った形にし、体の右横から正面に動かす。

やる  ＋ **違う**  **見る**  **好き**

手のひらを下にして両手を握り、下に動かす。

親指と人差指をV字にし、返すように2回振る。

右目の下で人差指と親指で丸を作る。3指は立てる。

親指と人差指をV字にし、アゴを挟む。手をおろしながら、親指と人差指をつける。

Word 11 趣味に関する単語

動画スタート☞

映画鑑賞

(見る)

左手は手のひらを下に向けて伸ばし、その下で右手のひらを相手に向けて指をすぼめる。

右手を左右の前に出しながら、指を伸ばす。

両手を上下に構え、手のひらを自分に向けて指を広げて伸ばし、手を上下に動かす。

右手の人差指を立てて、右目を指し、前に出す。

読書　　**スポーツ**　　**水泳**

両手を合わせてから左右に開く。

右手の人差指と中指を伸ばし、上下に動かす。

両手をグルグル回す。

人差指と中指を横に出す。出した指を上下に動かしながら、手を左から右へ動かす。

サッカー　　**バレーボール**　　**バスケットボール**

左手は手のひらを下にして、親指と人差指で円を作り、右手は人差指と中指を伸ばして下に向ける。

右手では人間の足を、左手ではボールを、右手でキックする様子を表す。

手のひらを相手に向け、額の前に出し、ナナメ上に2回押し出す。

左手は額の前で右側に手のひらを向ける。右手を前に押し出す。

ランニング

胸の前で両手を握る。走るように両手を上下に動かす。

ウォーキング

右手の人差指と中指を伸ばして下に向け、前後に動かし歩いている足を表す。

ドライブ

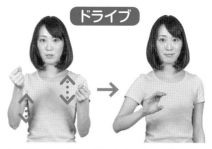

両手を握り、ハンドルを握っている様子を表す。

「コ」の字にし前に出す。

釣り

釣リザオを引く動作をする。

買いもの

手のひらを下に向けて親指と人差指で丸を作り、動かす。

スキューバダイビング

右手の5指を軽く曲げて頬の横に、左手は5指を曲げて口の前に。右手を上にあげる。

右手の人差指と中指の指先を動かしながら、下に移動。

国内旅行

両手の親指と人差指をつけてから離す。

右手の人差指を伸ばし、下に動かす。

右手は人差指と中指を相手に向けて手を向かい合わせる。左手の前で右手を2回回す。

温泉

右手は自分に向けて、3指を立てる。左手は右手の甲を覆うように重ねる。

海外旅行

両手のひらを相手に向けて指を軽く曲げる。手のひらが自分に向くように手を回転させる。

左手はそのままで、右手の親指、人差指、小指を立ててナナメ前に出す。

料理

包丁で2回切るように動かす。

麻雀

両手の親指と人差指でつまむようにし、反転させる。

動画スタート

私の誕生日は6月17日です

私

誕生日

人差し指で自分のことを指す。

手のひらを上に向けて5指が向かい合うように伸ばす。

腹につけたその手を前に出す。

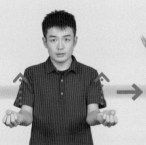

手のひらを上に向けて5指をすぼめる。

手をあげながら、指を伸ばす。

6月

左手の親指を立て、人差し指を横に伸ばす。右手は人差指と親指で丸を作る。

17

右手をさげながら、つけていた人差指と親指をはなす。

右手の親指を立て、人差指を横に伸ばす。左手は人差指を立てて曲げる。

左手はそのままにし、右手の親指と人差指、中指を伸ばす。

94

仕事は会社員で、7年間勤めています

仕事

両手のひらを上に向け、指を軽く曲げる。

体の前で両手を水平に2回動かす。

会社

人差し指と中指を揃えて立てる。

員

右手は耳の横から前へ、左手は前から耳の横へ2回動かす。

右手をすぼめる。

右手の5指を集め、左胸にあてる。

7年

右手の親指と人差指、中指を伸ばす。

右手で左手の拳のまわりを一周させる。

左手拳を一周した右手を拳の上につける。

勤める

手のひらを自分に向け、親指を立て、前後に2回出す。

私の家族は両親　祖父　祖母　私　弟　妹の7人です

家族

手のひらをナナメ下に向けて、指先を合わせる。

左手はそのままで、右手の親指と小指を立て、左手の下で回転させる。

祖父

親指をカギ型に曲げ、小さく波打つように左へ動かす。

祖母

小指をカギ型に曲げ、小さく波打つように左へ動かす。

両親

右手の人差指を右頬にあてる。

手のひらを自分に向け、親指と小指を立て、それ以外の3指は握る。

私

人差指で自分のことを指す。

弟

中指を立てて、手を2回さげる。

妹

小指を立てて、手を2回さげる。

全部（全員）

両手の指先をつけてから、体の前で円を描く。

手のひらを上に向け、腹の前で手の側面をつける。

96

7

親指と人差指、中指を伸ばす。

人

伸ばした3指で漢字の「人」を描く。

私の趣味は買い物です

趣味

頬の横で手のひらを相手に向けて指を立てる。

指を同時に折り曲げる。

買い物

手のひらを下に向けて親指と人差指で丸を作る。

右手は自分から相手に、左手は相手から自分側に動かす。

好き

私

親指と人差指をV字にし、アゴを挟む。

手をおろしながら、親指と人差指をつける。

人差指で自分のことを指す。

Practice 4から6

Lesson 11から14に関する練習問題

※答えはP158に掲載しています

動画スタート

写真の手話は何を表しているでしょうか？
Practice 4
Lesson11-1 (P72) に関する練習問題

ヒント 日にちや季節を表しています

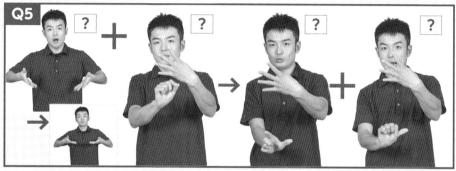

Practice 5
Lesson12-1 (P78) に関する練習問題

ヒント 学校に関することを表しています

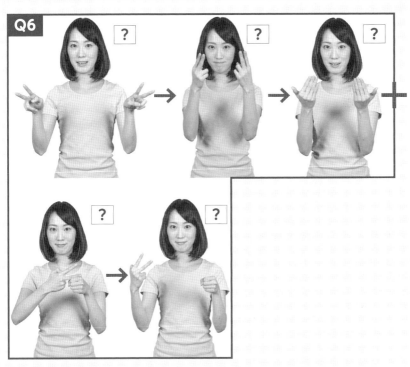

Practice 6
Lesson14-1 (P86) に関する問題

ヒント　家族に関することを表しています

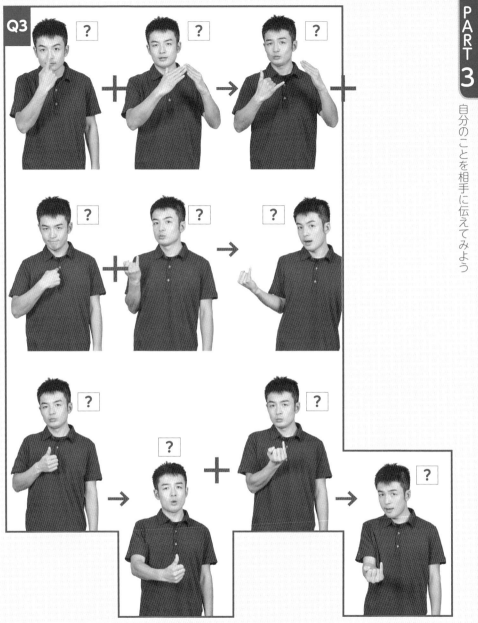

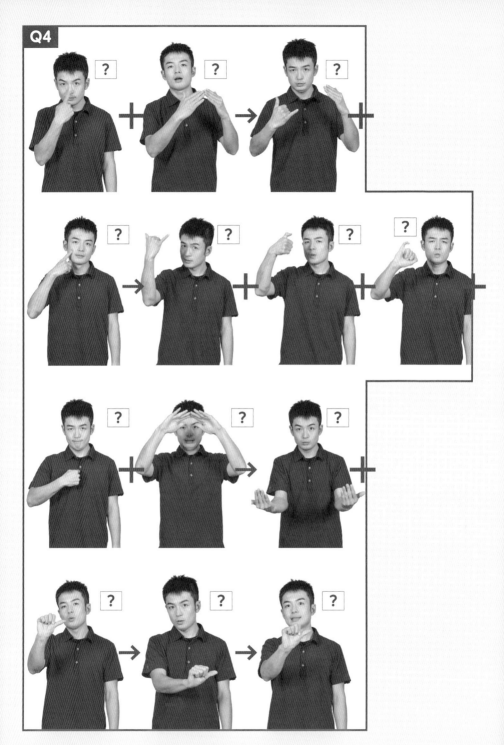

PART
4

相手のことを
もっと知ってみよう

動画スタート

Lesson 16-1 昨日、誕生日でしたよね？

動画スタート

昨日　　**誕生日**

手のひらを自分に向け、人差指を立てる。人差指を頭の後ろに向ける。

手のひらを上に向けて5指が向かい合うように伸ばす。その手を前に出す。

手のひらを上に向け、指をすぼめる。

同じ？　　**16-2 そうです**

手を上にあげながら、指を伸ばす。

両手のひらを上に向け、親指と人差指を立てる。親指と人差指を2回つけ、眉を少しあげ頭を少しかしげる。

両手のひらを上に向け、親指と人差指を立てる。親指と人差指を2回つける。

16-3 おめでとうございます

おめでとう

手のひらを上に向け、指をすぼめる。

手を上にあげながら、指を開く。

16-4 ありがとうございます

ありがとう

右手の指を左手の甲の上にのせる。

左手はそのままで、右手だけをあげる。

16-5 歳はいくつになりましたか?

歳　　　　　　　　　　　　　　　　　　いくつ?

手のひらを下に向けて開き、アゴにつける。

親指から1本ずつ折っていく。

手のひらを自分に向けて開き、親指を曲げる。

人差指から2回握り、眉を少しあげ頭を少しかしげる。

16-6 22歳になりました

歳　　　　　22

手のひらを下に向けて開き、アゴにつける。親指から1本ずつ折っていく。

手のひらを相手に向け、人差指と中指を立てる。

人差指と中指をカギ型に曲げる。

人差指と中指を伸ばす。

なる　　　　　　　　　　　　　終わる

両手のひらを自分に向ける。指は揃えて伸ばす。

両手ともに内側に動かして手をクロスする。

手のひらを上に向けて5指を広げる。

手をさげながら5指をすぼめる。

Lesson 17-1

あなたの弟は大学生でしたよね？

動画スタート

あなた

人差指を相手に向ける。

弟

手のひらを自分に向け、中指を立て、手をさげる。

大学

両手ともに親指と人差指を立て、右手は額の横に位置し、左手は顔の前に出す。

学生

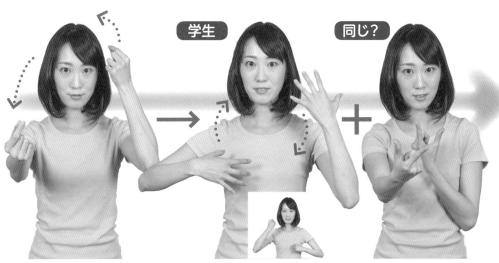

手を入れ替え、左手を額の横に、右手を顔の前に出し、親指と人差指をつける。

両手のひらを自分に向け、指を開く。上下に動かしながら手を握る。

同じ？

両手のひらを上に向け、親指と人差指を立てる。親指と人差指を2回つけ、眉をあげる。

17-2 まだです 弟は来年3月に卒業します

まだ

両手のひらを自分に向ける。右手だけ、上から下に振る。

私

人差指で自分のことを指す。

弟

手のひらを自分に向け、中指を立て、手を2回さげる。

来年

左手を握り、右手の人差指を左手の上にあてる。

3月

人差指を前に出す。

左手の3指を横に出す。左手の下で右手の人差指と親指で丸を作る。

右手をさげながら、人差指と親指をはなす。

卒業

両手のひらを上に向けて5指を揃えて相手に向ける。両手同時に上にあげる。

4月から大学に入学する予定です

4月

左手の4指を横に出す。人差指と親指で丸を作り、さげながら、人差指と親指を相手に向けて伸ばす。

から

手のひらを相手に向けて指を揃える。

左に動かしてから手のひらを自分に向ける。

大学

両手ともに親指と人差指を立て、額の横と顔の前に出す。

入学

次に、手を入れ替え、親指と人差指をつける。

人差指を立て、「入」の文字を作る。前に出しながら、指先を相手に向ける。

予定

右手の指を左ヒジ下付近につける。

右手の指でヒジ下から指先までをなでる。

109

Word 12 時制に関する単語 (1)

動画スタート

昨日

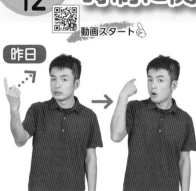

手のひらを自分に向け、人差指を立てる。

後ろへ動かす。

今日

両手のひらを下に向ける。

手を下に動かす。

明日

人差指を立てて、額の横で立てる。

手を前に出しながら、人差指を出す。

過去

手のひらを自分に向けて、5指を揃えて立てる。

手を引き寄せながら、指先を後ろに向ける。

現在

両手のひらを下に向け、手を下に動かす。「今日」と同じ動作。

未来

手のひらを相手に向け、5指を揃えて立てる。

額の横から手を前に出し、指先を相手に向ける。

POINT!

時間の流れの表し方

時間の流れを表すときは、未来については前方に、過去については後方に向かう動作となります。

Word 13 時制に関する単語 (2)

動画スタート

去年

左手を握り、右手の人差指を出す。／左手の上につけてから、人差指を頭の後ろに向ける。

今年

両手のひらを下に向ける。軽く下に動かす。

左手の拳に右手の人差指をつける。

来年

左手を握り、右手のひらを自分に向け、人差指を出す。／左手の上につけてから、人差指をナナメ前に出す。

一昨年

左手を握り、右手の人差指と中指を出す。

左手の上につけてから、人差指と中指を頭の後ろに向ける。

再来年

左手を握り、右手の人差指と中指を出す。

左手につけてから、人差指と中指をナナメ前に出す。

3年前
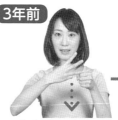
左手を握り、右手の3指を出す。

左手の上につけてから、左手を1周りする。

左手はそのままで、右手の5指を揃えて立て、頭の後ろに向ける。

3年後

左手を握り、右手の3指を出す。／左手の上につけてから、左手を1周りする。

左手はそのままで、右手の5指を揃えて立て、前に出す。

P84で紹介した単語を使って、あなたの夢を語ってみましょう。

将来、やりたい仕事はありますか?

動画スタート

将来

手のひらを相手に向け、5指を揃えて立て、額の横から前に出す。「未来」の動作と同じ。

したい

手のひらを自分に向け、親指と人差指をV字にし、アゴを挟む。

手をおろしながら、親指と人差指をつける。「好き」の動作と同じ。

仕事

ある?

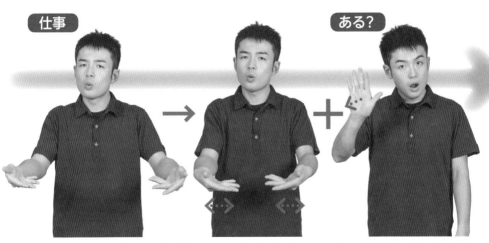

両手のひらを上に向け、指を軽く曲げる。

体の前で両手を軽く左右に動かす。

手のひらを相手に向け、5指を揃えて立て、前に出し、眉を少しあげ頭を少しさげる。

18-2 あります　私の夢は保育士になることです

ある

手のひらを相手に向け指を揃えて立て、前に出す。

私

人差指で自分を指す。

夢

手のひらを自分に向け、額の横で5指を軽く曲げる。その手をナナメ上に動かす。

なに

手のひらを相手に向け、右手の人差指を立てて、小さく振る。

保育士

両手の指を揃えて伸ばす。

交互に上下へ。

右手のひらを左胸につけ、3指を伸ばす。

18-3 あなたの夢が叶うといいね。

あなた

人差指を相手に向ける。

夢

手のひらを自分に向け、額の横で5指を軽く曲げる。その手をナナメ上に動かす。

叶う

鼻の前で手を拳に握る。

その拳を少し前に出してから額近くまであげる。

いいね

お腹の前に出した反対側の手のひらと拳をあわせる。

拳を鼻にあてる。

そのまま少し前に出す。(鼻が高くなるイメージで「良い」を示す)

Word 14

意志に関する単語

動画スタート

〜したい

→

手のひらを自分に向け、親指と人差指をV字にし、アゴを挟む。

手をおろしながら、親指と人差指をつける。「好き」の動作と同じ。口型（口の形）は「希望」と表す。

頑張りたい

| 頑張る |

両手のひらを下に向けて握る。

手は握ったまま、上下に動かす。

+

| 〜したい |

→

手のひらを自分に向け、親指と人差指をV字にし、アゴを挟む。

手をおろしながら、親指と人差指をつける。

POINT!

〜したくない

〜したくないを表現したい場合は、動詞の手話単語の後に下の写真「〜したくない（嫌い）」を付け加えましょう。「〜したい」の手話単語は、「好き」の表現と同じです。

親指と人差指をつけ、アゴに当てる。

指を開きながら前に出す。

行きたい

行く

〜したい

手のひらを自分に向け、人差指を伸ばす。

手を返して、人差指を下から前方に向ける。

手のひらを自分に向け、親指と人差指をV字にし、アゴを挟む。

手をおろしながら、親指と人差指をつける。

見たい

見る

右目の下で人差指と親指で丸を作る。3指は立てる。

〜したい

手のひらを自分に向け、親指と人差指をV字にし、アゴを挟む。

手をおろしながら、親指と人差指をつける。

覚えたい

覚える

手のひらを左側に向け、5指を立てる。手を握りながら、額の横につける。

〜したい

手のひらを自分に向け、親指と人差指をV字にし、アゴを挟む。

手をおろしながら、親指と人差指をつける。

務めたい

務める

〜したい

手のひらを自分に向け、親指を立てる。

手は変えず、その手を前に2回出す。

手のひらを自分に向け、親指と人差指をV字にし、アゴを挟む。

手をおろしながら、親指と人差指をつける。

生活状況について会話してみましょう。一人暮らし、同居などの単語も同時に覚えると便利です。

家族と同居していますか？

動画スタート👆

あなた	家族	

人差指を相手に向ける。

手のひらをナナメ下に向けて、指先を合わせる。

左手はそのままで、右手の親指と小指を立て、それ以外の3指は握り、左手の下で2回回転させる。

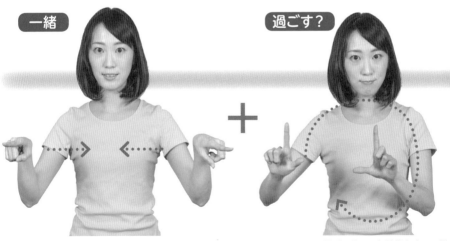

一緒	過ごす？

両手のひらを下に向けて人差指をナナメ下に向ける。左右から動かし、胸の前で並べる。

両手のひらを相手に向け、人差指を立て、親指を横に出す。そのままの間隔で手を回し、眉をあげる。

19-2　去年までは同居していましたが

去年

左手を握り、右手の人差指を出す。左手の上につけてから、人差し指を頭の後ろに向ける。

まで

両手のひらを向かい合わせ、右手を左手に向かって動かし、指の先を手のひらにつける。

一緒

両手のひらを下に向けて人差指をナナメ下に向ける。左右から動かし、胸の前で並べる。

過ごした

両手のひらを相手に向け、人差指を立て、親指を横に出す。そのままの間隔で手を回す。

結婚したので別居になりました

今

両手のひらを下に向け、指先を相手に向ける。手をさげる。

結婚

右手は小指を立て、左手は親指を立てる。

両手を左右から動かし、胸の前で並べる。

した

両手のひらを上に向け、指を開く。手を下げながら、指をすぼめる。

ため

左手は握り、右手の人差指を上に向ける。

人差指を下に向けて、左手にあてる。

家族

手のひらをナナメ下に向けて、指先を合わせる。

左手はそのままで、右手の親指と小指を立て、それ以外の3指は握り、左手の下で2回反転させる。

別

両手の甲を合わせる。

手を左右に広げる。

過ごす

両手のひらを相手に向け、人差指を立て、親指を横に出す。そのままの間隔で手を回す。

Word 15

暮らしに関する単語

動画スタート👆

から

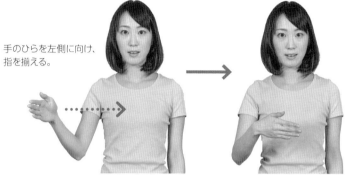

手のひらを左側に向け、指を揃える。

右から左へ動かしながら手のひらを自分に向ける。

1人暮らし

1人

人差指で自分を指す。

人差指を上に向ける。

＋

過ごす

両手のひらを相手に向け、人差指を立て、親指を横に出す。

そのままの間隔で手を回す。

同居

家族

手のひらをナナメ下に向けて、指先を合わせる。

→

＋

左手はそのままで、右手の親指と小指を立て、それ以外の3指は握り、左手の下で反転させる。

一緒

両手のひらを下に向けて人差指をナナメ下に向ける。左右から動かし、胸の前で並べる。

過ごす

両手のひらを相手に向け、人差指を立て、親指を横に出す。そのままの間隔で手を回す。

実家

手のひらを左側に向け、指を揃えて立て、口にあてる。

→

両手のひらをナナメ下に向けて、指先を合わせる。

離婚

右手は親指を立て、左手は小指を立てる。

→

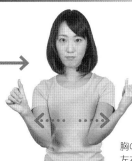

胸の前で並べてから、左右に離す。

Lesson 20-1

私の趣味はランニングです
今度一緒に走りましょう

動画スタート👉

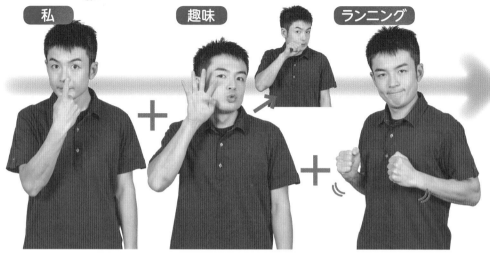

私 — 人差し指で自分を指す。

趣味 — 頬の横で手のひらを相手に向けて4指を立ててから、曲げる。

ランニング — 胸の前で両手を握って振る。

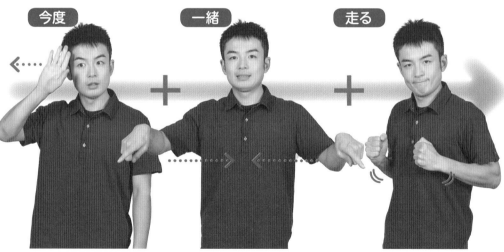

今度 — 手のひらを相手に向け、額の横で指を揃えて立てる。前に2回押し出す。

一緒 — 両手のひらを下に向けて人差し指をナナメ下に向ける。左右から動かし、胸の前で並べる。

走る — 胸の前で両手を握る。

20-2 ごめんなさい　走るのが嫌いだし　苦手なんです

ごめんなさい

自分の額に人差指と親指を向け、2指をつける。

手を開き、手のひらを左側に向けて上から下に動かす。

走る

胸の前で両手を握る。

嫌い

親指と人差指をつけ、アゴに当てる。

指を開きながら前に出す。

苦手

手のひらを自分に向け、4指を鼻につける。

私

人差指で自分を指す。

20-3 大丈夫ですよ　ゆっくり走っていけばあなたにもできますよ

大丈夫

左胸に手をあてる。

右胸まで動かす。

ゆっくり

両手のひらを自分に向け、親指を立て、人差指を横に出す。

その手を、山型に左から右へ動かす。

走る

胸の前で両手を握る。

あなた

人差指を相手に向ける

できる

手のひらを自分に向け、4指を左胸につける。

右胸まで動かし、指をつける。「大丈夫」の動作と同じ。

121

20-4 本当でしょうか　自信がありませんが…

本当?

手のひらを左側に向け、指を揃えて
立て、口にあてて、眉を少しひそめ
頭を少しさげる。

自信

腹の前で手のひらを
上に向けて開く。

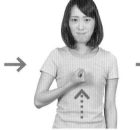

手を胸まであげながら握る。

ない

両手のひらを
相手に向ける。

手をおろしながら反
転させて手のひらを
上に向ける。

20-5 私が助言しますよ

私

人差指で自分を指す。

アドバイス

右手は相手に手のひらを向けて指
を開く。右手の前で、左手の親指を
立てる。

右手で左手を前に2回押し出す。

する

両手のひらを下に
向けて握る。

握った手を下におろす。

20-6 わかりました　やってみましょう

わかった

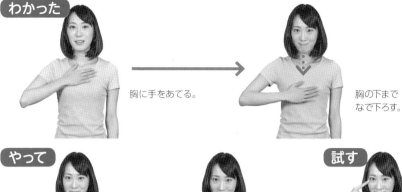

胸に手をあてる。

胸の下まで
なで下ろす。

＋

やって　　　　　　　　　　　　　　　　　　　　**試す**

両手のひらを下に向けて握る。　　握った手を下におろす。「する」の　　人差し指で自分の目を指す。
　　　　　　　　　　　　　　　　　動作と同じ。

＋

 **STEP!**

はやい

顔の横で手を握り、右から左へ動かすと
同時に親指と人差し指を伸ばす。

POINT!　否定的な表現や内容

できない　　　　　　　　　　　　　　　　**嘘**

手のひらを相手に向け　　つねるように　　人差し指を自分の頬に当
て握り、親指と人差し指　　手首を返す。　　てる。
で右頬に触れる。

否定的な言葉や内容を伝える
ときには、顔の動きも言葉に
合わせて変えます。無表情で
手話を行っても、相手に伝わ
りにくいので、あえて眉間にシ
ワをよせるなど、「ムリだ」と
いう意志を顔にも出しましょ
う。

Review 4

Lesson16から20のおさらい

動画スタート

明日9月13日は私の友達の木山さんの誕生日です

明日 ／ 9月

手のひらを相手に向け、人差指を立てて、額の横で立てる。

手を前に出しながら、人差指を相手に向ける。

左手のひらを自分に向け、親指を立て、4指を横に伸ばす。右手は人差指と親指で丸を作る。

右手をさげながら、人差指と親指を相手に向けて伸ばす。

13日

左手は「9月」の形のまま、右手は左手の下で手のひらを相手に向け、人差指を立ててカギ型に曲げる。

左手はそのままで、右手は左手の下で、手のひらを相手に向け、3指を立てる。

私 ／ 友達

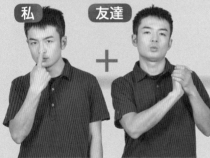

人差指で自分を指す。

手を握り合わせる。

木

手の甲を上に向け、両手の親指と人差指を伸ばす。

親指が上を向くように手を移動させる。

山

手のひらを下に向けて、指を揃える。

さん（男性）

山型に半円を描く。

左手は親指を立ててほかの4指を握り、右手の人差指で親指を指す。

誕生日

手のひらを上に向けて5指が向かい合うように伸ばす。

腹につけたその手を前に出す。

手のひらを上に向けて5指をすぼめる。手をあげながら、指を伸ばす。

プレゼントしたいと考えていますがどう思いますか？

プレゼント

左手は手のひらを上に向けて開く。右手は左手の上で、5指をすぼめる。

両手ともにそのままの形で前に出す。

手のひらを自分に向け、親指と人差指をV字にし、アゴを挟む。

したい

手をおろしながら、親指と人差指をつける。「好き」の動作と同じ。

考える

手のひらを自分に向けて人差指を伸ばし、額に当てる。

どう

手のひらを相手に向け、人差指を立てて軽く振る。

手のひらを上に向けて開き、指先を相手に向けて、眉を少しあげ頭を少しさげる。

125

今すぐにバレーボールがやりたいです

今

両手のひらを下に向けて指
を広げる。

両手をさげる。

すぐ

手を左に動かしながら、
親指と人差指を伸ばす。

バレーボール

手のひらを相手に向け、額の前
に出し、ナナメ上に押し出す。

したい

手のひらを自分に向け、親
指と人差指をV字にし、ア
ゴを挟む。

手をおろしながら、親指と
人差指をつける。「好き」の
動作と同じ。

あなたはバレーボールができますか?

あなた

人差指を
相手に向ける。

バレーボール

手のひらを相手に向け、額
の前に出し、ナナメ上に押
し出す。

できる?

手のひらを自分に向けて、
4指を左胸につける。

手を移動させて右胸に4指
をつけ、眉を少しあげ、頭を
少しさげる。

料理をするのは好きですが　下手なんです

料理

左手は手のひらを下に向け
て指を軽く曲げ、右手は5
指を相手に向けて伸ばし、
左手の指先に2回あてる。

好き

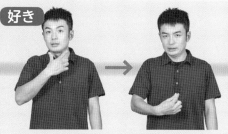

親指と人差指をV字にし、アゴを挟む。手をおろし
ながら、親指と人差指をつける。

でも

手のひらを相手に向けて
指を揃えて伸ばす。

手首を返し、手のひら
を自分に向ける。

下手

左手のひらを自分に向
け、指先は下に向ける。

右手で手首の上を軽く
こすりあげる。

彼女は本当に料理が上手です

彼女

隣（彼女）を指差す。

手のひらを自分に向け、小
指を立て、ほかの指は握る。

本当

指を伸ばし、口元につける。

料理

包丁で切るような動作をす
る。

上手

左手のひらを下に向け前に
出す。

右手で左手首を叩く

隣（彼女）を指差す。

3年前から1人暮らしですが 来年からは

3年

左手を握り、右手のひらを自分に向け、3指を出す。左手の上につけてから、左手を1周りする。左手の上に右手をつける。

前

左手はそのままで、右手のひらを自分に向けて、5指を揃えて立てる。

指を頭の後ろに向ける。

から

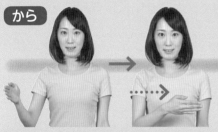

手のひらを左に向けて指を揃えて相手に向ける。

手を右から左に水平に動かして、手のひらを自分に向ける。

1人

人差指で自分を指す。

人差指を上に向ける。

生活

両手のひらを相手に向け、人差指を立て、親指を横に出す。

そのままの間隔で手を回す。

しかし

手のひらを相手に向けて指を揃えて伸ばす。

手首を返し、手のひらを自分に向ける。

来年

左手の手のひらを自分に向けて握り、右手の人差指を左手の上に当てる。

人差指を相手に向ける。

から

手のひらを左に向けて指を揃えて相手に向ける。

手を右から左に水平に動かして、手のひらを自分に向ける。

128

実家に帰って家族と一緒に暮らす予定です

実家

帰る

指を揃えて立て、口にあてる。

両手のひらをナナメ下に向けて、指先を合わせる。

左手はそのままで、右手を左手の下に動かす。

右手の指をすぼめる。

家族

手のひらをナナメ下に向けて、指先を合わせる。

左手はそのままで、右手の親指と小指を立て、それ以外の3指は握る。

左手の下で手を回転させ、手の甲を相手に向ける。

一緒

生活

両手のひらを下に向けて人差指をナナメ下に向ける。

左右から動かし、胸の前で並べる。

両手のひらを相手に向け、人差指を立て、親指を横に出す。

そのままの間隔で手を回す。

予定

左手は手のひらを下に向けて指を揃えて前に出し、右手の指を手首につける。

右手の指で手首から指先までをなでる。

私は去年　大学院を卒業しました

私

人差指で自分のことを指す。

去年

左手を握り、右手のひらを自分に向け、人差指を出す。

左手の上につけてから、人差指を頭の後ろに向ける。

大学

両手は親指と人差指を伸ばし、額の横と前に出した後指先をつける。

両手を入れ替え、再度親指と人差指の指先をつける。

院

右手の人差指を頭の横につける。

曲げていた人差指以外の4指を伸ばす。

卒業

両手のひらを上に向けて5指を揃えて相手に向ける。

両手同時に上にあげる。

しました

両手のひらを上に向け、指を開く。

手をさげながら5指をすぼめる。

今は医師として働いています

今

両手のひらを下に向けて指を広げる。両手をさげる。

仕事

両手のひらを上に向け、指を軽く曲げて、体の前に両手を2回動かす。

医師

左手のひらを上に向けて手を握り、右手の人差指と中指を揃えて手首に当てる。

右手の4指を握り、親指を顔の前で立てる。

PART
5

一緒に
出かけてみよう

動画スタート

天気の会話から予定についての会話です。季節や気温についての単語も覚えましょう。

今日は晴れですが明日は雨みたいです

動画スタート

今日

両手のひらを下に向け、指先を相手に向ける。手をさげる。

良い

拳を鼻にあてて前に出す。

天気

手のひらをナナメ上に向けて指を揃える。左から右へ動かす。

でも

手のひらを相手に向け、指を立てて揃える。その手を反転させ、相手に手の甲を見せる。

明日

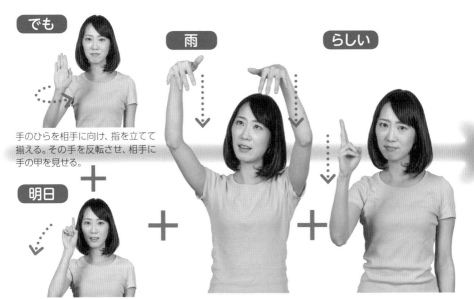

手のひらを相手に向け、人差指を立てて、額の横で立てる。手を前に出しながら、人差指を相手に向ける。

雨

両手のひら、5指を下に向け、下に動かす。

らしい

手のひらを左に向け、人差指と中指を立てて揃える。その手を少し前に出してから下に動かす。

132

21-2　明日は遊びに行きたいと思っていました

| 明日 | 家 | 出る | 遊ぶ | 思う |

人差指を立てて、前に出す。

手のひらをナナメ下に向けて、指先を合わせる。

左手の手前から右手を前に出す。

両手ともに人差指を立てる。両手を前後に動かす。

人差指を出し、額につける。

雨は寒いので外出しません

寒い　ので　外出　しない　雨

両手のひら、5指を下に向け、下に動かす。

両手を握り、胸の前にかまえる。両脇を締め、握った手を小さく振る。

両手の親指と人差指で円を作り、交差させて、少し前に出す。

左手の手前から右手を前に出す。

左手は手のひらを上にして指を揃える。右手は顔の前から左手の上におろす。

21-3　明日はせっかくの日曜日なのにもったいないですね

明日　せっかく　日曜　もったいない

人差指を前に出す。

両手のひらを自分の顔に向け、指は開いて軽く曲げる。両手を前に出す。

手のひらを自分に向けて人差指を伸ばし、口につける。人差指を左から右へ動かす。

指を揃えて伸ばす。左右から寄せて胸の前で並べる。

手のひらを自分に向け、4指を左頬に2回つける。

21-4　家で暖かく過ごします

家　中　暖かい　過ごす

手のひらをナナメ下に向けて、指先を合わせる。

左手は「家」の形のままで、右手の人差指を下に向ける。

両手で円を描くようにナナメ上に2回引き寄せる。

人差指と親指を立てて、手を回す。

133

「お誘い」はより親しくなるために重要な会話。遊びに誘ってみましょう。

今度一緒に映画を観に行きましょう

動画スタート

今度

手のひらを相手に向け、額の横から前に2回出す。

一緒

両手のひらを下に向け、人差指を出し、左右から寄せて胸の前で並べる。

映画

両手を上下に構え、手のひらを自分に向けて指を広げて伸ばし、手を上下に動かす。

＋

左手は胸の前で体と平行にする。握った右手を左腕の下から出すと同時に指を開く。

観る

親指と人差指で円を作り、その指先を目の下につける。ほかの3指は立てる。

＋

行く

手のひらを自分に向け、人差指を下に伸ばす。

⟶

人差指を前方に向け、眉を少しあげ頭を少しかしげる。

22-2　いいですよ　良い映画はありますか？

かまわない

立てた小指をアゴにつける。

良い

拳を鼻にあててから前に出す。

映画

指を広げて伸ばし、両手を上下に動かす。次に左手を胸の前で体と平行にし、握った右手を左腕の下から出すと同時に指を開く。

ある？

手のひらを相手に向けて指は揃えて立てる。その手を前に出し、眉をあげる。

22-3　お勧めの映画があります

勧める

右手は手のひらを左手に向ける。右手を左手にあて、両手を前に2回押し出す。

映画

指を広げて伸ばし、両手を上下に動かす。

左手を胸の前で体と平行にし、握った右手を左腕の下から出すと同時に指を開く。

ある

手のひらを前に向け、指を揃えて伸ばし、前に出す。

22-4　ホラー映画だけは

ホラー

両手のひらを向かい合わせて握り、内側に寄せる。同時にワキを2回締める。

映画

手のひらを自分に向けて指を広げて伸ばし、両手を上下に動かす。

左手を胸の前で体と平行にし、握った右手を左腕の下から出すと同時に指を開く。

苦手なので他のにしてください

だけ

左手は手のひらを上に向ける。右手は人差し指を立てる。右手をさげて左手のひらにつける。

苦手

手のひらを自分に向け、4指を鼻につける。

他の

両手の甲を向かい合わせ、指をつける。その手を左右に離す。

してください

手のひらを左に向け、親指は曲げ、4指は揃えて伸ばす。

135

天候と一緒に、寒い、暑いなどの体感の表し方も覚えると役立ちます。

天気に関する単語

動画スタート

晴れ

両手のひらをナナメ上に向けて指を揃える。手を左右に開く。

くもり

手のひらをナナメ上に向けて指を軽く開き曲げる。手を左右に開きながら指を曲げ伸ばす。

雨

両手のひら、5指を下に向け、下に動かす。

台風

両手で円を描くように引き寄せる。

霧

右手は手のひらを相手に向け、左手は手のひらを自分に向ける。互いに円を描きながら、額の前で手を向き合わせる。

雷

両手のひらを相手に向け、親指と人差指をつける。親指と人差指を伸ばしながら、ジグザグに下に動かす。

寒い

両手を握り、胸の前にかまえる。両脇を締め、握った手を小さく振る。

暖かい

両手で円を描くように引き寄せる。

暑い

手のひらを自分に向けて握り、その手を上から下に振る。

Word 17-1

外出に誘うときに使うことの多い場所の単語は覚えておくと便利です。

外出に関する単語

 動画スタート🖐

食事

左の手のひらを上に向けお皿を表し、右手の人差指と中指を伸ばしお箸のようにして食べるイメージに。

遊び

両手ともに人差指を立てる。両手を前後に動かす。

ディズニーランド

両手のひらを下に向け、人差指を立てて自分の額に当てる。

円を描くように人差指を動かす。ミッキーマウスの耳の形をイメージしている。

両手の人差指を立て、前後に動かす。

右手のひらを下に向け、指を軽く曲げて開く。手を上から下に動かす。

遊園地

両手で握りこぶしをつくる。

拳を持ちあげて前に出す。（「遊び」の動作で「遊園地」表す場合もある。）

右手のひらを下に向け、指を軽く曲げて開く。手を上から下に動かす。

公園

両手ともに人差指を伸ばし、ほかの指は握る。左手の人差指はナナメ上に向け、その下で右手で「ム」を描く。

両手の人差指を立て、前後に動かす。

右手のひらを下に向け、指を軽く曲げて開く。手を上から下に動かす。

※上記「遊園地」で「公園」を表す場合もあります。

※ Word 17 日時に関する単語は P144 に掲載しています。

Lesson 23-1

待ち会わせのために
メールアドレスの交換をしてもいいですか?

動画スタート 👆

待つ　会う

手のひらを左に向け、人差指と中指をアゴの下につける。

両手のひらを向かい合わせ、人差指を立てて他の指は握る。

手を近づける。

ために

右手は手のひらを下に向けて、人差指を伸ばす。左手は握る。

右手の人差指を握った左手につける。

メール

手のひらを相手に向け、親指と人差指で円を作る。ほかの3指は立てる。その手を前に出す。

アドレス

左手は手のひらを上に向ける。右手は4指を握り、親指を立てて左手につける。右手の親指を左手の指先まで動かす。

交換

両手のひらを上に向け、指を揃える。右手は相手側、左手を自分の胸の前に配置し、左右の手を入れ替える。

いい?

手のひらを自分に向け、小指を立ててほかの指は握る。立てた小指をアゴにつけ、眉を少しあげる。

23-2 いいですよ 携帯とパソコン両方のアドレスを渡しますね

OK

手のひらを相手に向け、親指と人差指で円を作る。3指は立てる。

携帯

手のひらを自分に向け人差指を立てる。ほかの指は握り、頬につける。

アドレス

右手は4指を握り、親指を立てて左手につける。右手の親指を左手の指先まで動かす。

パソコン

両手のひらを下に向け、指を開き上下に動かす。キーボードを打っているイメージ。

アドレス

左手は手のひらを上に向ける。右手は4指を握り、親指を立てて左手につける。右手の親指を左手の指先まで動かす。

両方

手のひらを相手に向け、人差指と中指を立てる。

渡す

手のひらを自分に向け、人差指と中指を横に出し、手を前に動かす。

待ち合わせには「時間」の単語を覚えておくことが大切です。同時に、単語も多数覚えておきましょう。

明後日10時半に待ち合わせでいいですか?

動画スタート

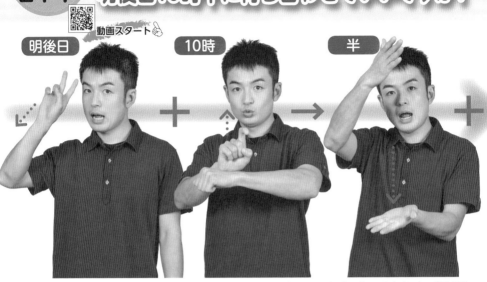

明後日
手のひらを相手に向け、人差指と中指を立てる。その手を前に2回出す。

10時
左手は手のひらを下に向けて握る。右手は左手の上につけ、手のひらを相手に向けて人差指を立て、カギ型に曲げる。右手を上にあげる。

半
左手は手のひらを上にして指を揃える。右手は手のひらを左に向け、顔の前から左手の上におろす。

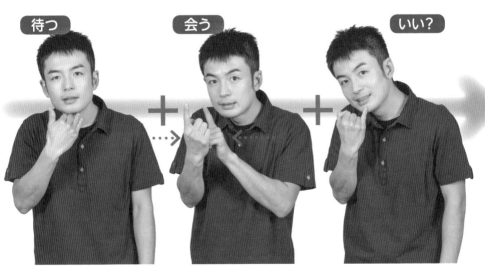

待つ
手のひらを自分に向け、人差指と中指をアゴの下につける。

会う
両手のひらを向かい合わせ、人差指を立てて他の指は握る。手を近づけるとともに、頭を少し前に出す。

いい?
手のひらを自分に向け、小指を立ててほかの指は握る。立てた小指をアゴにつけ、眉を少しあげ頭を少しかしげる。

24-2　午前中は用事があるので難しいです

難しい	午前	用事	ある	ので

右手を握り、右頬につける。

人差指と中指を揃えて額につける（「正午」）。その後、右へ指を動かす。

両手を自分に向け、指先を向かい合わせる。その手を手前に動かし両肩につける。

手のひらを相手に向け、指を揃えて前に出す。

両手ともに人差指と親指で円を作り、交差させて、少し前に出す。ほかの3指は立てる。

お昼に変更してもらってもいいですか？

正午	変更	してもらう	いい？

手のひらを左に向け、人差指と中指を揃えて出し、額につける。

両手のひらを自分に向けて、人差指を立てる。

両手を左右に動かし、腕を交差させる。

両手のひらを上に向け、指を向かい合わせる。両手を引き寄せる。

手のひらを自分に向け、立てた小指をアゴにつけ、眉を少しひそめ、頭を少しかしげる。

24-3　いいですよ

問題		ない

手のひらを相手に向けて握り、人差指と親指の指先をつける。

両手を左右に開いた場所から下におろす。

手のひらを開き、上に向ける。

141

Lesson 25-1

今日はとても楽しかったです

動画スタート

今日

両手のひらを下に向け、指先を相手に向ける。手を上下に動かす。

とても

手のひらを自分に向け、親指を立て人差指を横に向ける。

左から右に手を動かす。

楽しかった

両手のひらを自分に向け、指を開く。右手は胸の前、左手は腹の前に配置する。

両手を上下に数回動かす。

また誘ってください。

また

手のひらを
自分に向け
て握る。

手を握ってから、人
差指と中指を横に
出す。

誘う

右手は指を軽く曲げ、手の
ひらを自分に向ける。左手は
握り、親指を相手に向ける。

両手ともに相手に向けて
前に出す。

お願い

手のひらを左に向け、親指は
曲げ、4指は揃えて伸ばす。

25-2 また来てください　夜遅いので気をつけて帰ってください

また

顔の右側で手のひらを自
分に向けて握る。右手を
左に動かしながら、人差指
と中指を立てる。

おいで

手のひらを下に向けて指
先を相手に向けて伸ばす。
4指を曲げる。

夜

両手のひらを相手に向け
る。両手を動かし、顔の前
で交差させる。

遅い

親指を立て、人差指は向
き合わせる。両手を左から
右へ動かす。

気をつけて

両手のひらを自分に向けて
指を開く。　手を引き寄せながら握る。

帰る

手のひらを相手に向け、指を揃
え、親指は横に。手を前に出し
人差指と親指をつける。

お願い

手のひらを左に向け、
親指は曲げ、4指は揃
えて伸ばす。

25-3 また会いましょう　さようなら

また

手のひらを自分に向けて
握る。人差指と中指を横
に出す。

会う

両手の人差指を立てる。　手を近づける。

さようなら

手のひらを相手に向けて、
手を振る。

143

動画スタート

1時間

右手は左手の上につけ、手のひらを相手に向けて人差指を立てる。

人差指は立てたまま、円を描く。左手の上からスタートして左手の上で終わる。

10分

人差指を立ててカギ型に曲げ、左に向ける。

手を前に出し、人差指を相手に向ける。

20分

人差指と中指を立ててカギ型に曲げる。

30分

手を前に出し、3指を相手に向ける。

40分

4指を立ててカギ型に曲げ、左に向ける。手を前に出し、4指を相手に向ける。

50分

親指を立ててカギ型に曲げ、左に向ける。手を前に出し、親指を相手に向ける。

1分

手のひらを自分に向け、人差指を立てる。

手を反転させて手のひらを相手に向ける。

時(とき)

左手の右手の親指をつける。右手の人差指は立て、3指は握る。

右手を前に倒し、手の甲を相手に見せる。

※ Word17「外出に関する単語」は P137 に掲載しています。

今週

両手のひらを下に向け、指を開く。

手をさげる。

手のひらを自分に向け、親指を立て、人差指、中指を横に出す。

左から右に手を動かす。

来週

人差指、中指を横に出す。前に向かって、山型に手を出す。

先週

親指を立て、人差指、中指を横に出す。自分に向かって、山型に手を引き寄せる。

毎日・いつも

親指と人差指を立てる。その手で親指と人差指を立てる。

手前に向かって円を2回描くように動かす。

1日

人差指を立て、左胸につける。

その手を右胸まで動かす。

2日

人差指と中指を立て、左胸につける。

その手を右胸まで動かす。

3日

3指を立て、左胸につける。

その手を右胸まで動かす。

遅刻

左手のひらは下を向け、右手を左の上につける。

左手の上を滑らせるようにして、右手を前に出す。

145

1週間

手のひらを自分に向け、人差指を横に出す。

左から右に動かしながら、人差指を相手に向ける。

両手のひらを向き合わせ、指を揃えて相手に向ける。

両手を上から下におろす。

2週間

人差指と中指を横に出す。左から右に動かしながら、人差指と中指を相手に向ける。

両手のひらを向き合わせ、指を揃えて相手に向ける。両手を上から下におろす。

1ヶ月

手のひらを自分に向け、人差指を出し、右頬につける。

人差指を前に出しながら、手のひらを相手に向ける。

1時半

右手の人差指を立てて、左手首につける。

顔の前で、相手に手のひらを向けて人差指を立てる。

左手は手のひらを上にして指を揃える。右手は手のひらを左に向ける。

右手を顔の前から左手の上におろす。

正午（お昼）

手のひらを左に向け、人差指と中指を揃えて出し、額につける。

午前

正午の状態にする。

その手を右に動かす。

午後

正午の状態からその手を左に動かす。

Word 18

連絡や手段に関する単語

ろう者が多く使う連絡手段です。単語として覚えましょう。

動画スタート

パソコン

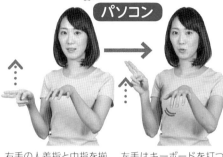

右手の人差指と中指を揃えて相手に向ける。左手は下に向け、指を開く。

左手はキーボードを打つように動かし、右手は指をあげ指文字の「ぱ」を示す。

FAX

両手のひらを向かい合わせてつける。指先は相手に向ける。

右手を滑らせて前に出す。

筆談

左手のひらを上に向け、右手は親指と人差指をつけて左手のひらにつける。

左手を前に出しながら、右手の親指と人差指を左手の指先まで動かす。

チャット

右手の5指は自分に向け、左手は相手に向ける。

両手ともに、手の位置はそのままで5指をすぼめる。

手紙

右手は人差指を立て、左手は人差指と中指を横に出す。右手の人差指を左手の中指につける。

そのままの形で両手を前に出す。「手紙」は両手で郵便のマーク「〒」を表している。

Word 19 感情に関する単語

動画スタート👆

嬉しい

両手のひらを自分に向け、指を開く。

両手を上下に数回動かす。「楽しい」と同じ表現になる。

哀しい

目の下で手のひらを自分に向け、親指と人差指をつける。

指を頬に沿わせるようにして、手をさげる。

楽しい

両手のひらを自分に向け、指を開く。

両手を上下に数回動かす。「嬉しい」と同じ表現になる。

つまらない

額の前で手のひらを自分に向け、指を開き軽く曲げる。

手を胸の下までさげる。

さびしい

手のひらをナナメ下に向けて、指を伸ばし、親指と4指を開く。親指を左胸につける。

哀しい表情をしながら、開いた4指と親指をつける。

感動

親指と4指をつけ、右頬に
当てる。

目の下まで頬を沿わせるよ
うにして動かす。

驚く

人差指と中指を出し、左手の
ひらにつけ、カギ型にする。

驚いた表情をしながら、
右手をあげる。

苦手

手のひらを自分に向け、
4指を鼻につける。

もったいない

手のひらを自分に向け、
4指を左頬につける。

残念

右手は拳をつくり、
左手は手のひらを
上にむける。

拳で手のひらを
勢いよくたたく。

仕方がない

手のひらを自分に向け、
小指を左胸につける。

体に沿わせるようにして、
ナナメ下に動かす。

Lesson 21から25のおさらい

今日はお天気もよく涼しいので、午後から友達と遊園地に行きませんか？
メールしますね。

今日

両手のひらを下に向け、指先を相手に
向ける。

両手ともに手を下にさげる。

晴れ

両手のひらをナナメ上に向けて指を揃える。

手を左右に開く。

涼しい   ので

両手のひらを自分に向　両手を引き寄せ、耳の横
けて、指を開き向き合わ　に2回動かす。手の甲を
せる。　　　　　　　　　相手に見せる。

両手ともに親指と人差指で　その手を前に出す。
円を作り交差させる。ほか
の3指は立てる。

※Review5の動画は収録されていません。

150

午後

親指と人差指の指先を
上に向けて伸ばし額に
つける。

その手を左に動かす。

時（とき）

左手のひらを右に向かって
開き、右手の親指をつけ
る。右手の人差指は立て、3
指は握る。

右手を前に倒し、手の甲を
相手に見せる。

友達

胸の前で両手を向き合わせる。

手を握り合わせる。

遊園地

両手を握り、下から上に
持ちあげる。

持ちあげた両手をさげる。

右手のひらを下に向け、
指を軽く曲げて開く。

手を上から下に動かす。

行く？

手のひらを自分に向け、人差指を伸ば
す。手を返して、人差指を下から前方に
向け、眉を少しあげ頭を少しかしげる。

メール

手のひらを相手に向け、親指と人差
指で円を作る。ほかの3指は立てる。

その手を動かす。

朝早くから待ち合わせをして　10時間　遊んだり食べたり
いろいろと楽しかったです。

朝

手のひらを下に向けて
手を握る。

顔の横から肩まで、
手をさげる。

早く

手のひらを自分に向けて、
親指と人差指をつける。ほ
かの指は握る。

手を左に動かしながら、親
指と人差指を伸ばす。

待つ

手の甲を上に向け、指先を
アゴにつける。

会う

両手のひらを向かい合わせ、人
差指を立てて他の指は握る。

手を近づける。

10時間

右手は人差指を立ててカギ型に曲げる。
右手を左手首に当てる。

左手はそのままで、
右手で円を描く。

円を描いたら、左手の上に
再度当てる。

遊ぶ

両手ともに人差指を立てる。

両手の人差指を立て、
前後に2回動かす。

食べる

左手は手のひらを上に向ける。右手は手のひらを自分に向け、人差指と中指を横に出す。

右手を上下に動かす。

いろいろ / 楽しい

人差指と親指を伸ばす。ほかの指は握る。

手を返しながら、左から右に動かす。

両手のひらを自分に向け、指を開く。手を2回上下させる。

来週また行きたいですね

来週 / また

手のひらを自分に向け、親指を立て、人差指、中指を横に出す。

前に向かって、山型に手を出す。

手のひらを自分に向けて握る。

人差指と中指を横に出しながら、手を左に移動する。

行く / したい

手のひらを自分に向け、人差指を伸ばす。

手を返して、人差指を下から前方に向ける。

手のひらを自分に向け、親指と人差指をV字にし、アゴを挟む。

手をおろしながら、親指と人差指をつける。「好き」の動作と同じ。

153

索 引

昨日	110	50	43	自信	122
岐阜	32	50分	144	静岡	32
9	40	午前	146	下	21、67
90	43	今年	111	した	117
清	20	5年生	81	～したい	114
今日	110	ごめんなさい	65	7月	76
教師	83	今週	145	実家	119
兄弟	86	今度	120	知っている	61
京都	33	こんにちは	57	実は	83
去年	111、117	こんばんは	57	しています	14
嫌い	121			しない	133
霧	136			島	20

【さ】

金曜	75	さ	23	姉妹	89
く	22	斎藤	18	島根	33
9月	77	佐賀	35	地元	63
口	19	堺	37	社会人	82
熊本	34	相模原	37	10	40
くもり	136	崎・先	20	11	41
来る	63	佐々木	18	11月	77
群馬	31	誘う	143	10月	77
け	22	サッカー	92	19	42
警官	85	札幌	36	15	41
結婚	117	佐藤	16	13	41
月曜	74	さびしい	148	17	42
元気	56	寒い	136	12	41
現在	110	さようなら	143	12月	77
こ	23	再来年	111	10年	83
5	40	3	40	18	42
公園	137	3月	76	14	41
交換	139	30	42	16	41
高校	80	30分	144	出身（生まれ）	28
高校生	81	残念	149	10分	144
高知	34	3年後	111	主婦	84
後輩	66	3年生	81	趣味	90、120
神戸	37	3年前	111	手話	14
公務員	83	し	23	春分	73
5月	76	自営業	85	小	21
国内旅行	93	滋賀	32	小学校	80
ご苦労様	63	仕方がない	149	正午	146
ここ	63	4月	76	上手	91
午後	146	仕事	82	将来	112

●Practice練習問題の解答●

P48　Practice 1　Lesson1-1 に関する練習問題
　　A1　あなたは聴者ですか？　　A2　あなたは難聴者です
　　A3　あなたは難聴者ですか？　　A4　あなたは中途失聴者ですか？
　　A5　あなたは中途失聴者です

P50　Practice 2　Lesson3-1 に関する練習問題
　　A1　松田　A2　中島　A3　小の　A4　ひ口　A5 斎藤まさき　A6 上山れいこ

P52　Practice 3　Lesson5-1 に関する練習問題
　　A1　8　A2　36　A3　77　A4　59　A5　昭和60年　A6　平成21年

P98　Practice 4　Lesson11-1 に関する練習問題
　　A1　2月8日　A2　10月16日　A3　7月30日　A4　9月3日
　　A5　春の4月5日　A6　冬の12月28日

P100　Practice 5　Lesson12-1 に関する練習問題
　　A1　高校1年　　A2　小学校6年　A3　中学校3年　A4　大学4年
　　A5　小学校5年　A6　専門学校2年

P102　Practice 6　Lesson14-1 に関する練習問題
　　A1　私の家族は父と母、私、妹です　A2　私の家族は母と兄、姉、私です
　　A3　私の家族は私と妻、息子、娘です
　　A4　私の家族は両親と祖父、祖母、私の全員で5人です

野口岳史（のぐちたけし）

「NHK手話ニュース845」手話キャスター

国立障害者リハビリテーションセンター学院教官

1985年生まれ。2003年横浜市立聾学校を卒業し、2007年亜細亜大学を卒業。2008年に社会福祉法人東京愛育苑金町学園の非常勤児童指導員、2011年には私立明晴学園中学部で非常勤講師として社会科を教える。また、立教大学、亜細亜大学、王子総合高校などで手話教育の指導にあたる。現在は国立障害者リハビリテーションセンター学院手話通訳学科の教官として手話通訳士の養成に力を入れているほか、「NHK手話ニュース845」で手話キャスターとしても活躍。聴覚障害者に対して理解を広める為の活動に力を入れている。

【モデル協力】

仲野 彩加　　　　　箭内 秀平

全ての動画が視聴できます

URL からも動画を視聴できます

https://gig-sports.com/sl-allplay/

ALL PLAY

●本書スタッフ

カメラ	柳太　曽田英介
デザイン	居山勝
執筆協力	嶋田真己
編集	株式会社ギグ
	（浅野博久　長谷川創介　大森由紀子）

●動画制作

ディレクター	佐藤泰正
カメラ	篠崎 誠
VE	中村一成
映像編集	スタジオフォレスト
オーサリング	チャンネル2

**動画でよくわかる 基本の手話 新装改訂版
すぐに使える会話と表現**

2023年 9月15日　第1版・第1刷発行

監修者	野口　岳史（のぐち たけし）
発行者	株式会社メイツユニバーサルコンテンツ
	代表者　大羽 孝志
	〒102-0093 東京都千代田区平河町一丁目1-8
印　刷	株式会社厚徳社

◎『メイツ出版』は当社の商標です。

ご意見・ご感想はホームページから承っております。
ウェブサイト　https://www.mates-publishing.co.jp/

企画担当:折居かおる

※本書は2020年発行の『DVDでよくわかる 基本の手話 すぐに使える会話と表現 新版』
　から、動画をオンライン視聴の形に変更し、書名・装丁を変更して発行しています。